グリラーレシピ

こんがり&しっとりおかず

岡本ゆかこ

河出書房新社

CONTENTS

04 グリラーひとつで
こんがり＆しっとりもお手の物！

06 こんがり＆しっとりおかずの基本

08 グリラーについて

10 調理のポイント

PART.1 こんがりおかず

11 こんがりおかずのみほんレシピ
チーズチキンカツ

12 メインのおかず
鶏１枚肉のマスタードチキン

14 マッシュポテトとひき肉のグラタン

16 バーベキュースペアリブ

17 塩豚とりんごのローズマリーグリル

18 こねないハンバーグ

20 れんこんとホタテの
ミルフィーユグラタン

22 鶏肉と厚揚げのアジア串焼き
ピーナッツソース

23 くるみみそ焼きラムチョップ

24 サーモンアボカドタルタル

26 揚げないアジフライ

28 ブリの甘酒焼き

29 サバのごま焼き

30 サンマのねぎ巻き

31 焼きシシャモ グリーンソース

32 サブのおかず
ホタテとミニトマトのアヒージョ

34 タラのベーコン巻き

35 イカの韓国焼き

36 なすのトマトフィリンググリル

38 クリスピーポテト

39 ベビーキャロットの
ローストとブルーチーズ

40 しいたけのおかかチーズのせ

41 焼きとうもろこし

column.1 こんがりレシピにおすすめ！
パン粉アレンジ

42 シナモンパン粉／バジルパン粉／
チーズパン粉／クミンパン粉／
エビパン粉／ハーブパン粉

PART.2 しっとりおかず

43 しっとりおかずのみほんレシピ
鶏むねチリチキン

44 メインのおかず
チキンとレモンのモロッコ煮×
青菜のフランス風蒸し煮

46 しっとりよだれ鶏

48 さつまいものベトナムカレー煮

50 鶏の塩じゃが

51 スタミナねぎレバー

52 ポークチャップ

54 豚ロースのディアボラ風

56 豆入りキーマカレー

58 麻婆なす

59 ごぼうと牛肉のごまよごし

60 アジの中華アクアパッツァ

62 タラときのこの花椒ニラソース

63 かぼちゃほっくりサバそぼろ

64 イワシの梅酢蒸し

65 カキのフランス風白い煮込み

66 エビと長いものスイチリマヨ

67 キャベツステーキ じゃこソース

68 フラメンカエッグ

70 サブのおかず
ヤムウンセン

72 オクラとカリフラワーのインド蒸し煮

73 パプリカレモンマリネ

74 ソーセージとザワークラウト風さっと煮

75 なすの焼き浸し

76 きのこのホットマリネ

PART.3 ごはん・麺・主食

78 エビのグリーンカレーパエリア

79 しっとりルーロー飯

80 カルボナーラ

82 ボンゴレスパゲティ

83 アジア焼きそば

84 サバのインド風炊き込みごはん

86 キャベツたっぷりのタコお好み

column 2 お酒にぴったり！
グリラーミニでちょこっとおつまみ

87 枝豆のしそバター／
焼きカマンベールとブロッコリー／
冷凍ポテトとスイチリサワークリーム

88 グリラーだから二度おいしい！　シメのもう一品
チーズリゾット

90 トマトリゾット

92 ピリ辛うどん

column 3 魚焼きグリルでできる！
ごほうびデザート

94 焼きかぼちゃキャラメリゼ／
ベイクドアップル

95 大学いも風／
オレンジのフレンチトースト

本書ではガスコンロの両火の魚焼きグリルを使って調理しています。

【 レシピの決まり 】

- 大さじ1は15mℓ、小さじ1は5mℓです。
- 電子レンジは600Wを使用しています。
- 卵はLサイズを使用しています。
- 食材は特別な場合を除き、洗い、皮むきなどの工程は省略しています。
- 加熱時間は目安です。使用環境により異なる場合があります。また、魚焼きグリルの奥は手前よりも高温になりやすいことがあります。様子を見ながら調整してください。
- 煮込み料理などは調理中にふきこぼれないよう、加熱時間に注意しながら様子を見てください。
- 下味をつけるときの半日は4〜5時間、ひと晩は8〜10時間を目安としてください。
- 加熱後にグリラーを取り出す際は、火傷に注意しながら扱ってください。
- 陶器の特性上、一度グリラーについた焦げは取れないことがあります。
- 両火の魚焼きグリルは全体的に火が回りやすく、片火の魚焼きグリルは火力が集中しやすいため、焦げやすいです。様子を見ながら調整してください。
- 片火の魚焼きグリルの場合、熱源が近く、加熱ムラが起きやすいので電子レンジでの下ごしらえを加えたり、蓋や器に油を引いて焼いたりしてください。
- グリラーは陶器の特性上、使うごとにススなどが染みついて器の味わいを深めていきます。使用後、表面のこすって取れる汚れはメラミンスポンジなどを使ってこまめに取り除くようにしましょう。

加熱調理

本書では両火の魚焼きグリルを2分予熱してから調理した場合の加熱時間を表しています。片火グリルの場合は 片火 の時間を参照しながら様子を見て調整してください。

余熱調理

火を止めてから蓋をしたまま置く時間を表しています。グリラーの保温性の高さを利用しているので、加熱時間は短く、余熱で仕上げることが可能です。

予熱について

本書のレシピは両火の魚焼きグリルを2分予熱してから加熱調理することを基本としています。加熱前に庫内を予熱することで、火回りがよくなります。

グリラーひとつで

こんがり & しっとり も お手の物！

グリラーは下ごしらえ、調理、食卓へのサーブまで
こなす万能ツールです。
これ1台で忙しい毎日の食事作りがラクに、
しかもいつもよりおいしくできます。

Point 1 魚焼きグリルで
メインもサブも プラス一品が簡単!

グリラーは薄型に作られた陶器製のダッチオーブンです。グリル料理はもちろん、魚焼きグリルで蒸し焼き、簡単な煮込み、おつまみ、デザートもできちゃいます。コンロが埋まっていてもプラスで一品作れるので、忙しい方の時短調理や栄養のある献立作りにも最適です。

Point 2 蓋の有無で
レシピの 幅が広がる!

蓋の突起を伝って、調理中に出た水分を食材にまんべんなく戻すことができるので、旨みを逃さずふっくら焼きあげます。こんがり焼き目を楽しみたい料理は蓋を取って数分焼くだけ。また、蓋があることで庫内の油汚れなども防ぎやすくなっています。

Point 3 遠赤外線でじっくり加熱
できあがった 料理も冷めにくい

グリラーで加熱調理をすると、陶器製の遠赤外線効果で食材がじっくり温められ、シンプルな調理法でもおいしく食べることができます。また、蓄熱性が高く、加熱後15分程は熱々のままなので加熱を短くして余熱調理ができるほか、温かいまま食卓へサーブできます。

Point 4 電子レンジ加熱もOK!
下ごしらえで 時短になる

グリラーは魚焼きグリルのほか、直火、電子レンジ、オーブン、トースターなどさまざまな熱源に対応しています。特に電子レンジは食材の下ごしらえの際に活用するのがおすすめ。火が入りにくい根菜はグリラーに入れて、電子レンジで加熱しておくと時短になります。

こんがり＆しっとりおかず

＼What's／
こんがりおかず

魚焼きグリルとグリラーという組み合わせは高火力の調理向き。肉や魚のグリル、グラタンなどパリッと香ばしい焼き目を楽しみたいおかずが失敗なく作れます。コツは蓋をしてじっくり焼いてから、仕上げに蓋を取って焼き目をつけること。両火グリルなら途中で食材をひっくり返さなくてもよいのでフライパンよりラクです。

1 電子レンジで下ごしらえする

根菜や火が入るのに時間がかかる具材は、グリラーに入れて電子レンジで加熱しておきます。調理時間の短縮につながります。

2 初めは蓋をして全体に火を通す

最初に魚焼きグリルに入れる際は蓋をします。表面だけ焦げて中はまだ生焼けなんてことがないよう、加熱と余熱を上手に使ってじっくり火を入れておきましょう。

3 蓋を取って焼き目をつける

仕上げに蓋を取って焼き目をつければ、外はパリパリ、中はジューシーな仕上がりに。焼き目は様子を見ながら好みの焼き加減で調節してください。

4 衣を上手に使う

チキンカツや揚げないアジフライ（P. 26）のように、衣をつければフライ風のおかずもできます。パン粉アレンジ（P. 42）で味変するのもおすすめです。

こんがりレシピ
チーズチキンカツ
（レシピはP.11）

の基本

グリラーが得意とする「こんがり」「しっとり」おかずの特長と調理のポイントを紹介します。材料を鶏肉とズッキーニで揃えて分かりやすく比べました。

\What's!
しっとりおかず

しっとりおかずのポイントは余熱調理。余熱時間を長めにして、火の通りを調整しづらい肉などをふっくらやわらかく仕上げ、野菜の歯応えもちょうどよく残せます。電子レンジOKなグリラーの特長を活かし、カレーやパスタ、簡単な煮込み料理も魚焼きグリルでできます。

しっとりレシピ
鶏むね チリチキン
（レシピはP.43）

1 余熱調理を活用する

余熱調理の時間が長めです。余熱で火を通すとパサつきにくく、しっとり仕上がります。余熱調理の間に、ほかのおかずを作ることもできます。

2 加熱時間は短めに

具材が焦げないよう、弱～中火で加熱時間を短めにしています。加熱自体を短くすることで野菜の焼きすぎなどを防ぎ、程よい水分量を保って食感よく食べられます。

3 食材の水分を活かす

魚介や野菜から出る水分は旨みのエキスがたっぷり。この水分が食材のパサつきを防いで、おいしく仕上げてくれます。汁気のあるレシピはシメの一品（P.88～93）にアレンジしても。

4 ゆでる作業もグリラーで！

春雨やパスタなど、鍋でゆでる必要があるレシピも、麺類のゆでから仕上げまでグリラーひとつでできます。洗い物が少なく済むのも嬉しいですね。

グリラーについて

グリラーの規格や熱源のこと、熱源によって変化する加熱時間について紹介します。
まずはグリラーのことをよく知ってから、調理を進めましょう。

本書で使用しているグリラー

まずはグリラーが家庭の魚焼きグリルに
収まるサイズかチェックしましょう。

※陶器の特性上、多少の誤差が出ることがあります。余裕があるか確認してください。

横（奥行き）約25.5cm

縦（幅）
約18.5cm

高さ 約5cm

ガスコンロの魚焼きグリルで使用しやすいよう、薄型に作られた陶器製のダッチオーブン。こんがりおかずもしっとりおかずも、これひとつでおいしくできます。

蓋

電子レンジでの下ごしらえや、食材に火を通すときは蓋をします。焼き目をつけたいときは蓋を取って香ばしく焼きましょう。

器

底の凸凹が、加熱時に出る余分な油を落としてくれます。食材をふっくら焼きあげ、素材のおいしさをしっかり引き出します。

熱源について

グリラーが対応している熱源や火加減について表記しています。調理を始める前に確認しておきましょう。

	魚焼きグリル	直接加熱
ガスコンロ	○	○
IH	○	×

グリラーはIHのトップに対応していませんが、IHの魚焼きグリルでは使用することが可能です。水を入れて使用するタイプの魚焼きグリルでは水を入れて使用してください。

※どの熱源も使用機種に付属する取扱説明書に従って使用してください。

オーブン	トースター	電子レンジ
○	○	○

オーブンはもちろん、トースターや電子レンジなどでも加熱することができます。本書では、電子レンジはメインの加熱ではなく、下ごしらえとして使用しています。

魚焼きグリルを使うメリット

1 火力が強いので加熱時間が短い

魚焼きグリルはオーブンやトースターに比べて強い火力で加熱できるので、加熱時間が短くなります。時短調理の強い味方です。

2 コンロが空けられる！

加熱中や余熱調理の間は放っておいてもOK！魚焼きグリルの調理はコンロの口数が少ない家庭や、おかずの品数を増やしたいときにも便利です。

3 予熱時間が短く済む

本書では庫内を中火で2分予熱して使用。オーブンの予熱より短時間で済みます。庫内を温めておくことで、火の通りもよくなります。

加熱時間の目安比

使用する熱源によって火力、加熱時間は異なります。
下記を参考に調整してください。

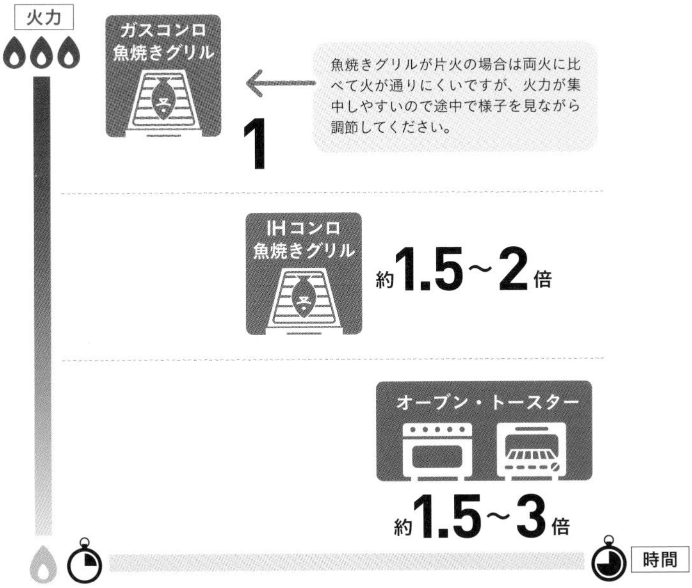

ガスコンロ　魚焼きグリル

一番火力が強く時短になる！

加熱時間はガスコンロの魚焼きグリルを1として考えます。特に両火グリルは一番火力が強く、加熱時間も短く済みます。

IHコンロ　魚焼きグリル

ガスコンロよりやや火力は弱め

IHの魚焼きグリルはガスコンロよりも火力が弱くなるため、様子を見ながら加熱時間を1.5～2倍に調整します。

オーブン　トースター

じっくり加熱する

オーブンは230℃に予熱、トースターは1000Wの場合、ガスコンロの魚焼きグリルの1.5～3倍の加熱時間が必要になります。グリルが小さく、グリラーが入らない場合や取り出しにくい場合はオーブンやトースターを使いましょう。

用意するもの

加熱後のグリラーは非常に高温です。
以下のものを用意しておくとよいでしょう。

鍋つかみ

焼きあがりのグリラーは非常に高温のため、耐熱性の高い鍋つかみを使用して熱源からグリラーを出しましょう。火傷に注意しながら扱ってください。

※耐熱温度200℃以上のものがおすすめです。

鍋敷き

料理を置く際に使用します。焼きあがりのグリラーをテーブルに直接置くと、汚れや変形などにつながることがあるので注意しましょう。

1人分にぴったり！ グリラーミニについて

【大きさ】
横(奥行き) 約21.5cm
縦(幅) 約13.5cm
高さ約5cm

1人分のメインにも2人分のサブにも活躍！

グリラーミニは「1人ごはんにもぴったりなグリラーがほしい！」という声から生まれたアイテム。グリラーと同じく陶器製で、容量は約65%。グリラーミニを2台組み合わせれば、1人分のメインとサブが作れるほか、2人分のサブおかずを一緒に作れるなど食卓の幅も広がります。

グリラーミニのここが便利！

1 魚焼きグリルに2台入る！

グリラーミニは横向きにして魚焼きグリルにちょうど2台並べられる大きさです。2人分のおかずを作ったり2種類のおかずを作ったり多用途に活躍します。

※ご家庭の魚焼きグリルのサイズを確認してください

2 蓋にも持ち手がある

蓋にも持ち手がついているので、開けやすい作りになっています。加熱後は非常に熱くなっているので火傷に注意しましょう。

3 本体にハネがある

グリラーの本体には持ち手とは別にサイドにもハネがついているので、魚焼きグリルから取り出しやすくなっています。小さめでも持ち運びしやすいです。

調理のポイント

グリラーで調理をする際に気をつけたいこと、スムーズに進めるためのPointを紹介します。より便利に活用するためのヒントになるはずです。

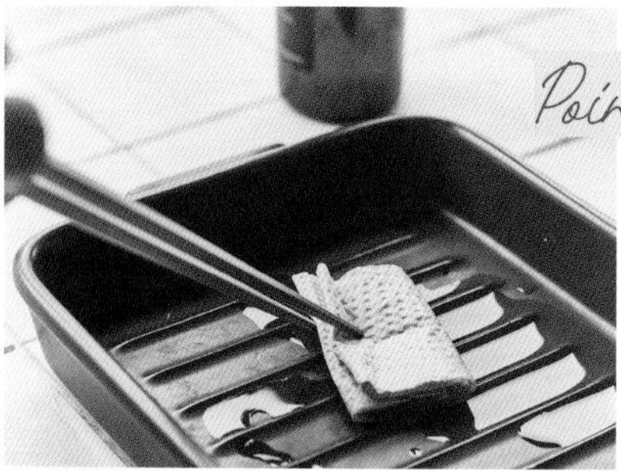

Point 1

グリラーに油を引く

レシピにより、汁気が少ないものや食材がくっつきやすいものはキッチンペーパーで油を引いておきましょう。焦げつきを防ぎやすく、洗い物がラクになります。

PLUS ONE!

蓋にも油を塗っておく

食材が蓋に当たる場合は蓋にも油を塗っておくと、くっつくことなく安心です。また、具材の高さを調節すると焦げにくくなります。

Point 2

下ごしらえは電子レンジで行う

根菜や1枚肉など火の通りにくい食材は電子レンジで加熱しておくと時短に。片火コンロはレシピによって電子レンジで下ごしらえしておくと生焼けが防げます。

PLUS ONE!

グリラーを温めておく

片火の場合は取り出すときに、グリラーが熱々になっているのがベスト。足りない場合は、グリラーの底が温まるまで追加で加熱します。取り出す際は火傷に注意してください。

Point 3

庫内は予熱しておく

グリラーを入れる前に、あらかじめ**中火で2分**庫内を温めておきましょう。火の通りがよくなり、加熱時間が短く済みます。

PLUS ONE!

アルミホイルで調節する

焦げが気になる場合は小さくカットしたアルミホイルをのせ、蓋をして加熱するなど調節してください。

余熱調理／焼き目の目安

魚焼きグリルで全体の6〜7割に火を通し、十分にグリラーを温めてから残りの3〜4割を余熱調理、1割で焼き目をつけながら火を通すとちょうどよく仕上がります。焼き目をつけない料理の場合は余熱時間を長めに取りましょう。

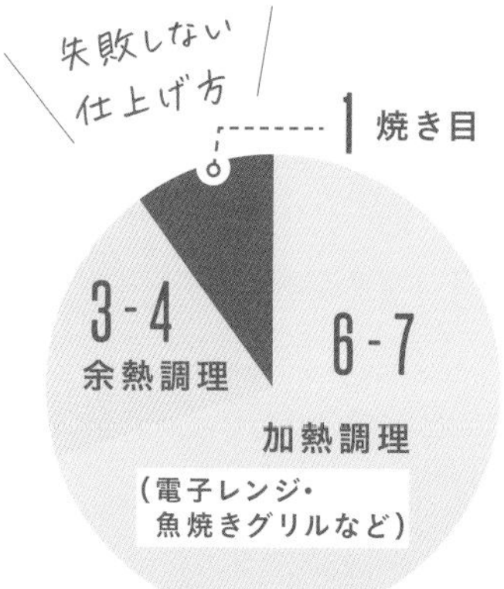

加熱調理の途中で蓋を外す場合

食材の上下を返す際など、魚焼きグリルの上での作業が不安定な場合は、一度平らな場所にグリラーを上げてから蓋を外して作業しましょう。庫内のグリラーは非常に熱くなっているので、火傷に注意してゆっくり行ってください。

PART.1 ／ こんがりおかず

中はジューシー、外はサクサク、カリッとした香ばしい焼き目がおいしいおかずです。中はふっくらやわらかく仕上げられるのが、グリラーの魅力のひとつ。毎日の食卓から特別な日のごちそうにも。

こんがりおかずの みほんレシピ（P.6）

チーズチキンカツ

加熱 7-8 min
余熱 4-6 min

材料（2人分）

- 鶏むね肉（1枚あたり200g程度）……2枚
- スライスチーズ……2枚
- ズッキーニ……1/2本
- 塩……3つまみ
- Ⓐ
  - 白ワイン（または酒）……大さじ1
  - 酢……大さじ1/2
  - こしょう……少々
- マヨネーズ……大さじ1
- Ⓑ
  - パン粉……大さじ4
  - オリーブオイル……大さじ2
- ソース（好みで）……適量

Memo… 接着にマヨネーズを使い、サクサクのパン粉をまとえばヘルシーなチキンカツが完成です。火加減が難しい鶏むね肉もジューシーに。下味に酢を入れるとやわらかくなります。

作り方

1 鶏肉は横半分に切り、身の全体に浅く切れ目を入れて筋切りする。スライスチーズを半分に折って挟み、全体に塩をふり、混ぜたⒶをかけて下味をつけ、常温に15分置く。ズッキーニはピーラーで縦方向に薄切りする。

2 グリラーに1のズッキーニを敷き、その上に鶏肉を置く。2分予熱した魚焼きグリルに蓋をして入れ、中火で**5分程**加熱する。
片火 蓋をして電子レンジで**2分半**加熱し、2分予熱した魚焼きグリルに入れ、弱火で**7〜9分**加熱する。

3 火を止めて庫内に入れたまま**4〜6分**余熱調理をする。蓋を取り、鶏肉の表面にマヨネーズを塗り、混ぜたⒷをまぶし、弱火で**2〜3分**（片火は**1〜2分**）焼き目がつくまで焼く。好みでソースをかける。

メインのおかず

MAIN no OKAZU

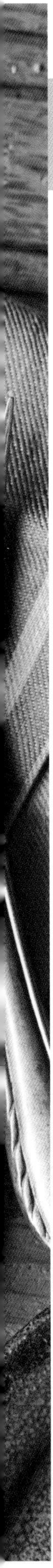

鶏1枚肉のマスタードチキン

加熱 8-11min
&
余熱 5-6min

大きな1枚肉も、じっくり火が通るグリラーにお任せ。余熱調理でこまめな火加減の調整がいらず、火の通りすぎも防いでしっとり焼けます。

材料（2人分）

鶏もも肉（大きめ）……1枚（300〜350g程度）
にんにく……1個
ミニトマト……4〜6個
塩……小さじ1/2
こしょう……少々
Ⓐ オリーブオイル……大さじ1と1/2
Ⓐ 白ワイン（または酒）……大さじ1
Ⓐ ディジョンマスタード（または粒マスタード）……小さじ1
イタリアンパセリ……適量

下準備

鶏肉は火の通りがよくなるように身に切れ目を入れ、塩、こしょうをしてからグリラーに入れⒶをまぶし、常温に15分（または保存袋に入れ、冷蔵庫で1日）置いてマリネしておく。

Point ディジョンマスタードを使うと程よい酸味が加わって、より味わい深くなります。

作り方

1 にんにくはグリラーの蓋につかない程度の高さに上部を切り落とし、ラップに包み、電子レンジで**1分程**加熱する。

2 グリラーに下準備した鶏肉の皮目を上にして置き、隙間にラップから取り出した1、ミニトマトを置く。2分予熱した魚焼きグリルに蓋をして入れ、中火で**6〜8分**加熱する。
片火 皮目を下にして置き、蓋をしたら電子レンジで**2分半**加熱する。2分予熱した魚焼きグリルに入れ、弱火で**7〜9分**加熱する。

3 火を止めて庫内に入れたまま**5〜6分**余熱調理をする。蓋を取り、弱火で**2〜3分**（片火は肉の上下を返して**2〜4分**）焼き目がつくまで焼く。仕上げにイタリアンパセリを添える（A）。

Point. A

にんにくは丸ごと焼いてホクホク、トロトロの食感に。崩しながら鶏肉と一緒に食べるとおいしいです。

マッシュポテトとひき肉のグラタン

じゃがいもとひき肉を重ねたフランスの家庭料理、アッシュパルマンティエ。具材を重ねるだけであっという間にごちそうが作れます。

加熱 11-14 min

材料（2人分）

じゃがいも……2個（約200g）
牛乳……大さじ4〜5

Ⓐ
- バター……15g
- コンソメ（顆粒）……小さじ1/2
- 塩……小さじ1/2
- こしょう、ナツメグ（あれば）……各少々

Ⓑ
- 豚ひき肉……150g
- 玉ねぎ（みじん切り）……1/4個分
- トマトケチャップ……大さじ2
- 中濃ソース……大さじ2
- コンソメ（顆粒）……小さじ1/2
- 塩……小さじ1/2

ピザ用チーズ……50g

作り方

1 じゃがいもは皮をむいて薄切りにし、グリラーに敷き並べたら牛乳大さじ4をかける。蓋をして電子レンジで**6分**加熱する。

2 めん棒などでじゃがいもをつぶし、Ⓐを加える（A）。残りの牛乳大さじ1を加減して入れ、さらにつぶして平らにならす。

Point じゃがいもをつぶしながら牛乳を入れ、マッシュポテトを作ります。

3 ボウルにⒷを混ぜ、2の上に敷く。

4 2分予熱した魚焼きグリルに蓋をして入れ、中火で**8〜10分**加熱する。
片火 蓋をして、電子レンジで**3分**加熱し、2分予熱した魚焼きグリルに入れ、弱火で**7〜10分**加熱する。

5 蓋を取り、チーズをのせ、弱火で**3〜4分**（片火は**2〜3分**）焼き目がつくまで焼く。

Point. A

じゃがいもをやわらかくしたらめん棒などでつぶします。グリラーの中で下ごしらえができるので洗い物も少なく済みます。

バーベキュースペアリブ

火の通りが心配なスペアリブも、短時間で完成。パイナップルの酵素でお肉がやわらかくなります。

加熱 10-13 min & 余熱 3-4 min

材料（2人分）

豚スペアリブ ---------- 450g
塩 ---------- 小さじ1/2
こしょう ---------- 少々
Ⓐ パイナップルジュース ---------- 大さじ3
Ⓐ ケチャップ ---------- 大さじ2
Ⓐ 中濃ソース ---------- 大さじ1
Ⓐ しょうゆ ---------- 小さじ1
Ⓐ にんにく（すりおろし） ---------- 小さじ1/2
クレソン ---------- 適量

下準備

スペアリブはフォークでまんべんなく穴を開け、塩、こしょうをまぶしておく。保存袋にスペアリブとⒶを入れ、よくもみ込む。冷蔵庫で3時間〜2日間漬け込む。

Point 冷蔵庫に長く置く場合は、焼く30分前に常温に出しておくと、火の通りがよくなります。

作り方

1 グリラーに下準備したスペアリブを並べる。

2 2分予熱した魚焼きグリルに蓋をして入れ、中火で**8〜10分**加熱する。
片火 蓋をして電子レンジで**3分**加熱し、2分予熱した魚焼きグリルに入れ、弱火で**8〜10分**加熱する。

3 火を止めて庫内に入れたまま**3〜4分**余熱調理をする。蓋を取り、弱火で**2〜3分**（片火は肉の上下を返して**2〜5分**）焼き目がつくまで焼く。仕上げにクレソンを添える。

塩豚とりんごのローズマリーグリル

塩豚とりんごを一緒に焼けば旨みたっぷり、
つけダレいらずのシンプルグリルが完成します。

加熱 9-12 min

1

こんがりおかず　メイン

材料（2人分）

豚肩ロース（塊肉）…250〜300g
りんご（小）…1個
塩…小さじ1/2
Ⓐ
- オリーブオイル…大さじ2
- 白ワイン（または酒）…大さじ1
- にんにく（すりおろし）…小さじ1/2
- こしょう…少々

ローズマリー…2枝

下準備

豚肉に塩をまぶし、キッチンペーパー、ラップの順に包む。冷蔵庫にひと晩〜2日置いて塩豚にする。

作り方

1. 塩豚は厚さ2cmに切る。りんごは8等分のくし形切りにし、芯を取る。
2. グリラーに1を並べ、混ぜたⒶをかけ、ローズマリーをのせる。
3. 2分予熱した魚焼きグリルに蓋をして入れ、中火で**6〜8分**加熱する。
   片火 蓋をして電子レンジで**3分**加熱し、2分予熱した魚焼きグリルに入れ、弱火で**6〜9分**加熱する。
4. 蓋を取り、弱火で**3〜4分**（片火は**2〜3分**）焼き目がつくまで焼く。

こねないハンバーグ

加熱 10-11min

&

余熱 3min

✔ **このソースを使って、シメでもう一品** ▶ **P.90**

トマトリゾット

グリラー内で成形するのでボウルがいらない驚きの時短ハンバーグ。つなぎがないぶん、しっかりめの肉感で食べ応えも十分あります。

材料（2人分）

合いびき肉 …… 250〜280g
塩、こしょう …… 少々
Ⓐ
- トマト缶 …… 150g
- ケチャップ …… 大さじ2
- 中濃ソース（またはウスターソース） …… 大さじ1〜2
- コンソメ（顆粒） …… 小さじ1

ピザ用チーズ …… 30g
パセリ（みじん切り） …… 適量

作り方

1. グリラーにひき肉をのせ（A）、手で2等分し、丸く成形する（B）。その上に塩、こしょうをする。
2. ボウルにⒶを混ぜ、1の隙間に流し入れる。
3. 2分予熱した魚焼きグリルに蓋をして入れ、中火で**8分程**加熱する。
   片火 蓋をして電子レンジで**2分半**加熱し、2分予熱した魚焼きグリルに入れ、弱火で**7〜10分**加熱する。
4. 火を止めてグリラーを取り出したらいったん蓋を取り、チーズをのせ、再び蓋をして庫内に戻し入れ、**3分程**余熱調理をする。蓋を取り、弱火で**2〜3分**（片火は**1〜2分**）チーズに焼き目がつくまで焼く。仕上げにパセリを散らす。

Point. A,B

パックから直接ひき肉をグリラーに入れて、丸く成形するだけのお手軽さです。加熱すれば、お肉同士がしっかり固まるのでつなぎがいりません。

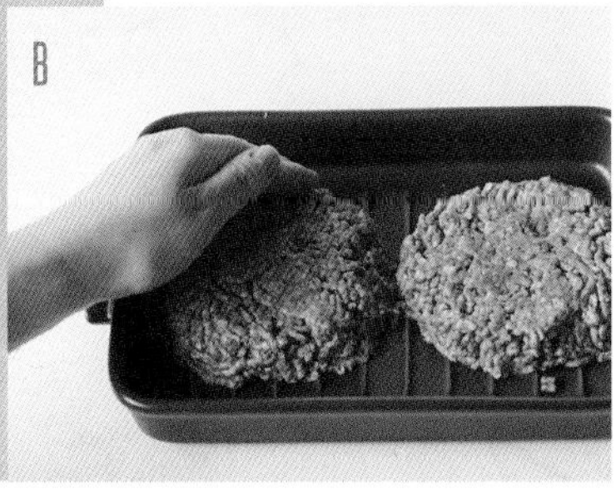

れんこんとホタテのミルフィーユグラタン

加熱 10-13min & 余熱 6-8min

れんこんはできるだけ薄く切るとデンプンが溶け出し、とろみがつきます。ホタテ缶と生クリームで旨みたっぷりのホワイトソースが完成。

材料（2人分）

れんこん……15cm（正味200g）
Ⓐ
- ホタテ缶……1缶（70g）
- 生クリーム……100mℓ
- こしょう……少々
- ナツメグ（あれば）……少々

バター……15g
ピザ用チーズ……40g
パセリ（みじん切り）……適量

作り方

1 れんこんは皮をむき、できるだけ薄切りにする。Ⓐのホタテはフォークなどで細かく崩し、汁ごと混ぜておく。

Point れんこんを切るときはスライサーを使うと時短になります。Ⓐを味見して足りないときは塩を足します（ホタテ缶の塩加減により調節してください）。

2 れんこんは水にさらさず、グリラーに敷き、蓋をして電子レンジで**2分**加熱する。蓋を取り、バターをのせ、混ぜたⒶをかけ、両火コンロの場合はチーズをのせる。

Point れんこんは水にさらさず、そのまま使うことでホワイトソースにとろみがつきやすくなります。

3 2分予熱した魚焼きグリルに蓋をして入れ、中火で**8〜10分**加熱する。
片火 蓋をして電子レンジで**3分**加熱し、チーズをのせる。2分予熱した魚焼きグリルに入れ、弱火で**9〜12分**加熱する。

4 火を止めて庫内に入れたまま**6〜8分**余熱調理をする。蓋を取り、弱火で**2〜3分**（片火は**1〜2分**）焼き目がつくまで焼く。仕上げにパセリを散らす。

東南アジアで
よく食べられるサテは、
お肉や野菜を
串焼きにした料理です。
ピーナッツソースをもみ込んで焼き、
最後にもう一度塗って、
香ばしく焼きます。

鶏肉と厚揚げのアジア串焼き ピーナッツソース

加熱 9-10min
&
余熱 3-4min

材料（6串分）

- 鶏もも肉（唐揚げ用またはひと口大に切る）……200g
- 厚揚げ……1/2枚
- パプリカ……1/6個
- 紫玉ねぎ……1/2個
- Ⓐ
  - ピーナッツバター（チャンクタイプ）……大さじ2
  - 酒……大さじ1
  - はちみつ……大さじ1/2
  - ナンプラー（またはしょうゆ）……大さじ1/2
  - しょうが（すりおろし）……小さじ1
  - カレー粉……小さじ1/2
- レモン（くし形切り）（好みで）……1切れ
- パクチー（ざく切り）（好みで）……適量
- サラダ油……適量

下準備

ボウルにⒶを混ぜ、2/3量を保存袋に入れ、鶏肉を入れたらもみ込んで冷蔵庫で3時間〜2日間漬ける。残りのⒶはとっておく。

作り方

1 厚揚げは6等分、パプリカは乱切り、紫玉ねぎは6等分のくし形切りにする。竹串に下準備した鶏肉、厚揚げ、パプリカ、紫玉ねぎをさす。これを6本作る。

2 グリラーにサラダ油を引き、1を並べる。2分予熱した魚焼きグリルに蓋をして入れ、中火で**7分程**加熱する。
片火 蓋をして電子レンジで**2分半**加熱し、2分予熱した魚焼きグリルに入れ、弱火で**6〜9分加熱**する（途中上下を返す）。

3 火を止めて庫内に入れたまま**3〜4分**余熱調理をする。蓋を取り、残りのⒶを塗り、弱火で**2〜3分**（片火は**1〜2分**）焼き目がつくまで焼く。好みでレモン、パクチーを添える。

くるみみそ焼き ラムチョップ

**火加減が難しいラムチョップも、
グリラーなら失敗しません。
くるみの香ばしさと
みそがよく合う一品です。**

加熱 10-11min & 余熱 3min

材料（2人分）

ラムチョップ ---------------- 4本
里いも ---------- 4個（長いもなど好みの野菜でOK）

Ⓐ
- みそ --------- 大さじ1と1/2
- くるみ（粗みじん切り） -------------------- 大さじ1
（白炒りごま小さじ1でもOK）
- みりん ------------- 大さじ1
- 砂糖 ------------- 大さじ1/2
- 粉山椒 ------- 小さじ1/4（好みの量）

作り方

1 里いもは皮に横一周の切り込みを入れたらグリラーに入れ、蓋をして電子レンジで**3分**加熱し、皮をむく。

Point 里いもの皮は切り込みを入れてから加熱すると、簡単にするんとむけます。火傷に注意。

2 グリラーにラムチョップ、1を並べ、混ぜたⒶをスプーンなどで表面に塗る。

3 2分予熱した魚焼きグリルに蓋をして入れ、中火で**8分程**加熱する。
片火 蓋をして電子レンジで**3分**加熱し、2分予熱した魚焼きグリルに入れ、弱火で**7～10分**加熱する。

4 火を止めて庫内に入れたまま**3分程**余熱調理をする。蓋を取り、弱火で**2～3分**（片火は**1～2分**）焼き目がつくまで焼く。

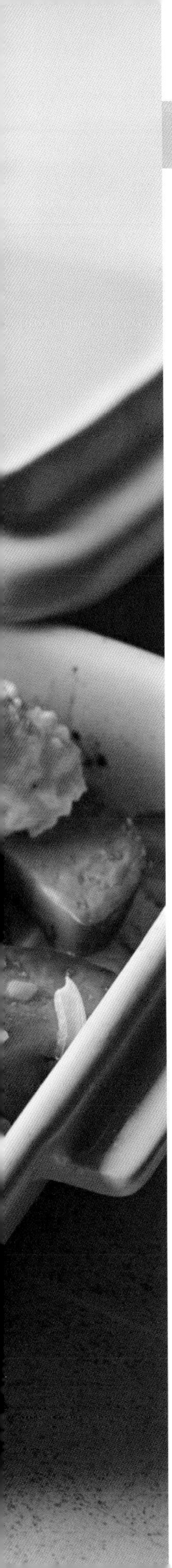

サーモンアボカドタルタル

鉄板の組み合わせのサーモンとアボカド。
タルタルソースに焼き目がつくと、
よりおいしく召しあがれます。

加熱 7-10min

材料（2人分）

サーモン（刺身用のサク）8〜10cm程度 ---------- 2枚
アボカド ---------- 1/2個

|タルタルソース|
ゆで卵（みじん切り） ---------- 1個分
玉ねぎ（みじん切り） ---------- 1/6個分
牛乳 ---- 大さじ1〜2（好みの硬さにゆるめる）
マヨネーズ ---------- 大さじ1〜2
塩、こしょう ---------- 少々

白ワイン（または酒） ---------- 大さじ1
塩、こしょう ---------- 少々
パセリ（みじん切り） ---------- 適量
オリーブオイル ---------- 適量

作り方

1. サーモンは1枚を2等分にする。アボカドは皮をむき、横幅8mmの薄切りにする。ボウルにタルタルソースの材料を入れ、牛乳で硬さを加減しながら混ぜておく。

2. グリラーにオリーブオイルを引き、サーモンをのせ、塩、こしょうをし、白ワインをかける。

3. 2分予熱した魚焼きグリルに蓋をして入れ、中火で**5〜7分**加熱する。
片火 蓋をして電子レンジで**2分半**加熱し、2分予熱した魚焼きグリルに入れ、弱火で**5〜7分**加熱する。

4. 蓋を取り、アボカドを隙間に並べ、サーモンに*1*のタルタルソースをかけて、弱火で**2〜3分**（片火は**1〜2分**）焼き目がつくまで焼く。仕上げにパセリを散らす。

Point　サーモンの焼き加減は好みで調節してください。刺身用なので半生でもおいしくいただけます。

揚げないアジフライ

マヨネーズを塗ったアジにパン粉をのせ、
香ばしく焼きました。小松菜を敷くと
アジがグリラーにくっつきにくくなります。

加熱 10-11min

材料（2人分）

アジ	2尾
小松菜（好みの野菜でOK）	1/2束
塩、こしょう	少々
マヨネーズ	大さじ1
Ⓐ パン粉	大さじ2
Ⓐ サラダ油	大さじ1
ソース（好みで）	適量

作り方

1 アジは背開きにし、両面に塩、こしょうをする。小松菜は長さ4cmに切る。

Point できればアジは魚売り場で、フライ用にしてもらうと下ごしらえがラクです。

2 グリラーに小松菜を敷き並べ、アジの皮目を下にして置く。

3 2分予熱した魚焼きグリルに蓋をして入れ、中火で**8分程**加熱する。
片火 蓋をして電子レンジで**2分**加熱し、2分予熱した魚焼きグリルに入れ、弱火で**7〜10分**加熱する。

4 火を止めてグリラーを取り出したら蓋を取り、アジの表面にマヨネーズを塗り、混ぜたⒶを広げる（A）。

5 蓋はせず、庫内に戻し入れ、弱火で**2〜3分**（片火は**1〜2分**）焼き目がつくまで焼く。好みでソースをかける。

Point. A

マヨネーズでアジに衣をくっつけます。パン粉をまぶしてこんがり焼けば、油で揚げなくてもさっくりヘルシーなフライ風になります。

ブリの甘酒焼き

加熱 6-9 min & 余熱 5 min

甘酒で魚の臭みを取り、やわらかく焼きます。
厚めの大根も電子レンジで下ごしらえすれば、時短になります。

材料（2人分）

ブリ（切り身）------ 2切れ
大根 ------ 8cm
塩 ------ ふたつまみ
Ⓐ 甘酒（粒が残っているもの）--- 大さじ3
Ⓐ みそ ------ 大さじ1と1/2〜2
ゆず皮（せん切り）------ 適量

下準備

ブリに塩をして、混ぜたⒶをつけ、保存袋に入れ、冷蔵庫で1時間〜1日漬ける。

Point　ブリに塩をすることと、粒が残っているタイプの甘酒を使うことで浸かりやすくなり、よく味が染みます。塩加減と漬ける時間の長さにより、みその量は調節してください。

作り方

1　大根は皮をむいて厚さ1cmのいちょう切りにし、グリラーに入れ、蓋をして電子レンジで**3〜4分**（箸がさせるまで）加熱する。

2　1に漬けダレをぬぐったブリを置く。

3　2分予熱した魚焼きグリルに蓋をして入れ、中火で**4〜6分**加熱する。
片火　蓋をして電子レンジで**2分**加熱し、2分予熱した魚焼きグリルに入れ、弱火で**6〜8分**加熱する。

4　火を止めて庫内に入れたまま**5分程**余熱調理をする。蓋を取り、弱火で**2〜3分**（片火は**1〜2分**）焼き目がつくまで焼く。仕上げにゆず皮を散らす。

サバのごま焼き

ごまを衣状にまとわせ、ひと工夫加えたサバの利休焼きです。パリッとした食感とごまの香ばしさが引き立ちます。

加熱　9-10 min

材料（2人分）

サバ（半身・小さめ）……2切れ
ししとう……4本
みょうが……2個
Ⓐ 酒……大さじ1/2
Ⓐ しょうゆ……大さじ1/2
卵白……1/2個分
白炒りごま……大さじ1と1/2

作り方

1 グリラーにサバの身を上にして置き、混ぜたⒶをかけ、常温に10分置く。ししとうは爪楊枝で穴を開け、みょうがは縦半分に切る。

2 サバをひっくり返して、皮目にスプーンなどで卵白を塗り、白ごまをつける。隙間に1のししとう、みょうがを置く。

3 2分予熱した魚焼きグリルに蓋をして入れ、中火で**8分程**加熱する。
片火　蓋をして電子レンジで**2分半**加熱し、2分予熱した魚焼きグリルに入れ、弱火で**6～9分**加熱する。

4 蓋を取り、弱火で**1～2分**（片火も同様）焼き目がつくまで焼く。

サンマの長さを活かしてねぎ巻きに。
にんにくの芽のほか、ピーマンなど
好みの野菜でアレンジしてください。

サンマのねぎ巻き

加熱 9-12min & 余熱 3min

材料（2人分）

サンマ……2尾
長ねぎ……1/2本
にんにくの芽……1袋（70g）
Ⓐ
みそ……大さじ1
酒……大さじ1/2
豆板醤……小さじ1/4（好みで）
ごま油……適量

作り方

1 サンマは3枚におろし、塩（分量外）をして5分程置いてから水洗いする。キッチンペーパーで水気を取り、長さを半分に切る。ねぎは長さ7cmの細切りにし、Ⓐと混ぜておく。にんにくの芽は長さ4cmに切る。

2 サンマ1切れに1/8量のねぎを芯にして巻き、爪楊枝で留める（A）。これを8個作る。

3 グリラーにごま油を引き、1のにんにくの芽を入れて、軽く塩（分量外）をし、蓋をして電子レンジで**2分**加熱する。その上に2を並べる。

4 2分予熱した魚焼きグリルに蓋をして入れ、中火で**7～9分**加熱する。
片火 蓋をして電子レンジで**2分**加熱し、2分予熱した魚焼きグリルに入れ、弱火で**7～10分**加熱する。

5 火を止めて庫内に入れたまま**3分程**余熱調理をする。蓋を取り、弱火で**2～3分**（片火は**1～2分**）焼き目がつくまで焼く。

Point. A

ねぎを芯にしてしっかり巻いていきましょう。最後に爪楊枝で真ん中を留めます。

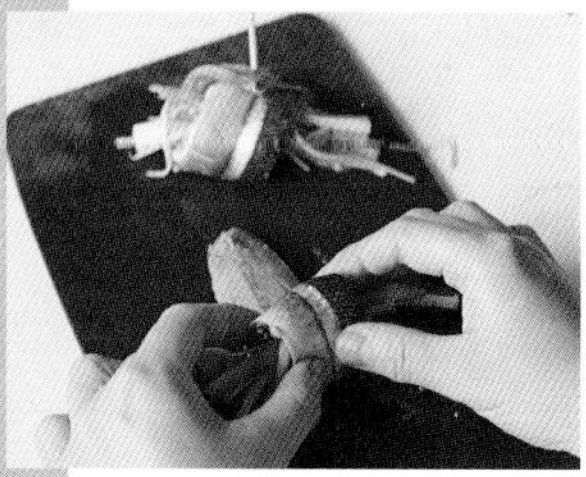

焼きシシャモグリーンソース

**ふっくらとしたシシャモにピリ辛の
サルサヴェルデソースを添えて。サルサヴェルデは
メキシコやイタリア料理で見られるグリーンソースです。**

加熱 10-11 min

材料（2人分）

シシャモ……8尾
| サルサヴェルデソース |
ししとう
……4個（またはピーマン1個）
パクチー……3本
にんにく（すりおろし）
……小さじ1/4
オリーブオイル……大さじ2
レモン汁……大さじ1
クミンパウダー（またはカレー粉）
……ふたつまみ
塩……ふたつまみ

白ワイン（または酒）……大さじ1/2
オリーブオイル……適量

作り方

1. ししとう、パクチーをみじん切りにし、ほかのサルサヴェルデソースの材料と混ぜてソースを作る。
2. グリラーにオリーブオイルを引き、シシャモを並べ、白ワインをかける。
3. 2分予熱した魚焼きグリルに蓋をして入れ、中火で**8分程**加熱する。
片火 蓋をして電子レンジで**2分**加熱し、2分予熱した魚焼きグリルに入れ、弱火で**7～10分**加熱する。
4. 蓋を取り、弱火で**2～3分**（片火は**1～2分**）焼き目がつくまで焼く。1をかける。

SUB no OKAZU

サブのおかず

ホタテとミニトマトのアヒージョ

庫内が油で汚れないので、片づけもラク。
具はエビ、マッシュルームなど好みのものでどうぞ。

加熱 9-12 min

&

余熱 3 min

Before

材料（2人分）

ホタテ……8個（160g）
ミニトマト……6個
ブロッコリー……1/2房
塩……少々
Ⓐ にんにく……1かけ
Ⓐ アンチョビ……3枚
Ⓐ オリーブオイル……大さじ4〜5
Ⓐ 鷹の爪（輪切り）……ふたつまみ

作り方

1 ブロッコリーは小房に分ける。にんにくは薄切りにし、芯を取り除く。アンチョビはみじん切りにし、ほかのⒶと混ぜる。

2 グリラーにホタテ、ミニトマト、ブロッコリーを置き、全体に塩をしてⒶを回しかける。

3 2分予熱した魚焼きグリルに蓋をして入れ、中火で**7〜9分程**加熱する。
片火 蓋をして電子レンジで**2分**加熱し、2分予熱した魚焼きグリルに入れ、弱火で**7〜10分**加熱する。

4 火を止めて庫内に入れたまま**3分程**余熱調理をする。蓋を取り、弱火で**2〜3分**（片火は**1〜2分**）焼き目がつくまで焼く。

タラのベーコン巻き

タラにベーコンの旨みをプラスしたお子様も食べやすい魚料理です。好みの野菜でアレンジしてもおいしいですよ。

加熱 9-12 min

材料（2人分）

- タラ（切り身）……2切れ
- ベーコン……2枚
- アスパラガス……3本
- ミニトマト……4個
- 塩……小さじ1/3
- 黒こしょう……少々
- オリーブオイル……大さじ1

作り方

1 タラは塩（分量外）を軽くして10分程置いてから水洗いする。キッチンペーパーで水気を取り、塩、黒こしょうをしてベーコンを中央に巻く。

2 アスパラガスは根元側をしならせて折って硬いところを除き、穂先は長さ4cm、ミニトマトは半分に切る。

3 グリラーにオリーブオイルの半量を引き、1を並べ、周りに2を置き、残りのオリーブオイルをかける。

Point あればタイムなど好みのハーブをのせてもOKです。

4 2分予熱した魚焼きグリルに蓋をして入れ、中火で**6〜8分**加熱する。
片火 蓋をして電子レンジで**2分**加熱し、2分予熱した魚焼きグリルに入れ、弱火で**7〜10分**加熱する。

5 蓋を取り、弱火で**3〜4分**（片火は**2〜3分**）焼き目がつくまで焼く。

イカの韓国焼き

このソースを使って、シメでもう一品 ▶ P.92
ピリ辛うどん

加熱 6-9 min & 余熱 3-4 min

**イカの姿焼きはおつまみにもぴったり。
焼きあがったら調理バサミで
切りながら、韓国スタイルでどうぞ。**

材料（2人分）

スルメイカ ---------- 2杯
きのこ（えのきだけ・ぶなしめじ） ---------- 正味100g
Ⓐ
- イカのわた ---------- 30g（大きいものなら1杯分）
- ケチャップ ---------- 大さじ1
- コチュジャン ---------- 大さじ1/2〜2/3（好みの量）
- 砂糖 ---------- 大さじ1/2
- しょうゆ ---------- 小さじ1
- ごま油 ---------- 小さじ1
- にんにく（すりおろし） ---------- 小さじ1/2

白炒りごま ---------- 適量
糸唐辛子（あれば） ---------- 適量
ごま油（好みで） ---------- 適量

作り方

1 イカは内臓、くちばしを取り除き、身の両面に切れ目を入れ、脚は2本ずつに切る。わたの部分（スミは入れない）をしごき、ほかのⒶとよく混ぜておく。きのこは石づきを取り、えのきだけは長さ半分に切る。

2 グリラーにきのこをほぐしながら敷き、その上にイカを置き、Ⓐをかける。

3 2分予熱した魚焼きグリルに蓋をして入れ、中火で**4〜6分**加熱する。
片火 蓋をして電子レンジで**2分**加熱し、中火で2分予熱した魚焼きグリルに入れ、弱火で**5〜8分**加熱する。

4 火を止めて庫内に入れたまま**3〜4分**余熱調理をする。蓋を取り、弱火で**2〜3分**（片火は**1〜2分**）焼き目がつくまで焼く。仕上げに白ごまと、あれば糸唐辛子をのせ、好みでごま油をかける。

なすのトマトフィリンググリル

加熱 9-10 min

トルコでは、お坊さんが気絶する程おいしいとされることから「坊さんの気絶」と呼ばれている料理です。ツナ缶を使い、手軽にフィリングを作ります。

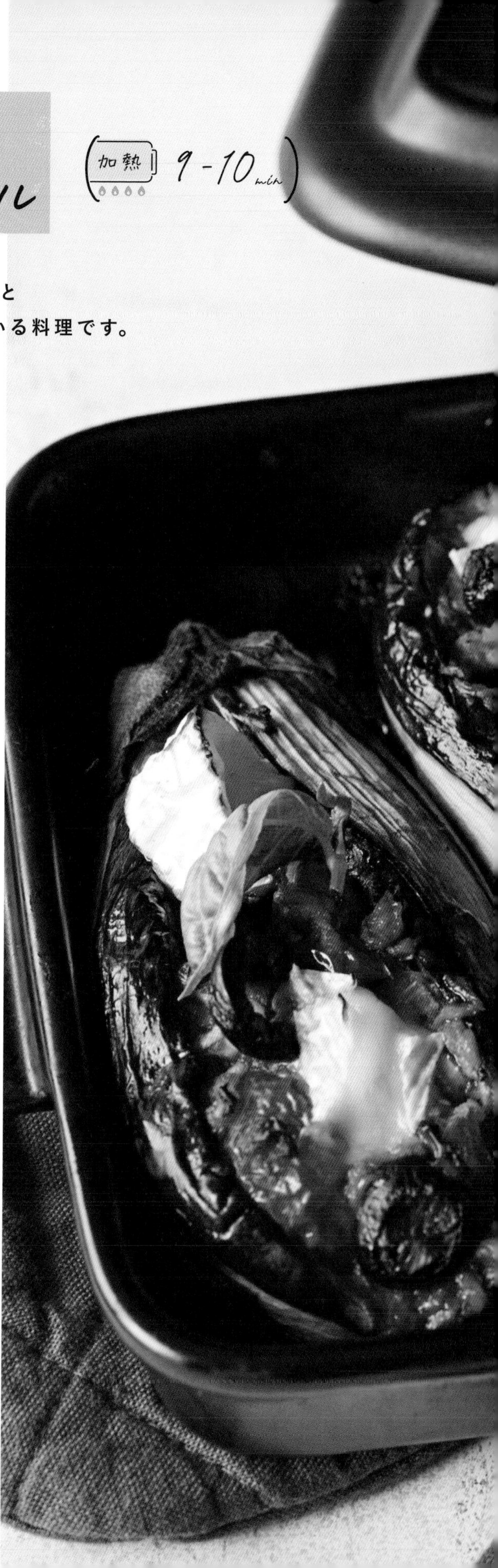

材料（2人分）

なす……4個
カマンベールチーズ……1/4個（25g）
Ⓐ
- 玉ねぎ……1/4個
- ツナ缶……1缶（70g）
- ミニトマト……6個
- ブラックオリーブ（輪切り）……25g
- トマトケチャップ……大さじ1
- 塩、こしょう……少々

バジル……適量
オリーブオイル……大さじ1/2

作り方

1. なすはピーラーで縞目にむく。玉ねぎはみじん切り、ミニトマトは4等分にし、ほかのⒶと混ぜる。カマンベールチーズは8等分の角切りにする。

2. グリラーに1のなすを並べ、オリーブオイルをかけ、蓋をして、電子レンジで**4分**加熱する。

3. 蓋を取り、ナイフなどでなすの中央を広げ、混ぜたⒶを詰め、両火グリルの場合はカマンベールチーズを2切れずつのせる。

4. 2分予熱した魚焼きグリルに蓋をして入れ、中火で**7分程**加熱する。
   片火 蓋をして電子レンジで**2分**加熱し、カマンベールチーズをのせる。2分予熱した魚焼きグリルに入れ、弱火で**7〜10分**加熱する。

5. 蓋を取り、弱火で**2〜3分**（片火は**1〜2分**）焼き目がつくまで焼く。仕上げにちぎったバジルをのせ、好みでオリーブオイル適量（分量外）をかける。

クリスピーポテト

極薄切りのじゃがいもを並べ、
バターとベーコン、粉チーズをのせます。
シンプルで後を引くおいしさです。

加熱 11-15 min

材料（2人分）

じゃがいも（メークインがおすすめ）
……2～3個（正味450g）
ベーコン……40g
塩……4つまみ
こしょう……少々
タイム……3枚
バター……20g
粉チーズ……大さじ1
オリーブオイル……大さじ1/2

Point. A

薄切りにしたじゃがいもを束にし、縦横を交互にずらして並べます。じゃがいも同士が倒れにくく、見た目もきれいに仕上がります。

作り方

1 じゃがいもは皮をむき、極薄の輪切りにする。ベーコンは小さめの角切りにする。

Point じゃがいもの薄切りはスライサーを使うとよいです。厚切りになってしまった場合は、加熱時間を長めに取りましょう。

2 グリラーにオリーブオイルを引き、1のじゃがいもをずらしながら並べ（A）、塩、こしょうをする。

3 蓋をして電子レンジで**3分**（片火は**4分**）加熱し、じゃがいもにタイムをのせる。2分予熱した魚焼きグリルに蓋をして入れ、中火で**5～7分**（片火は弱火で**8～12分**）加熱する。

4 火を止めてグリラーを取り出したら蓋を取り、バターを散らし、弱火で**6～8分**（片火は**4～7分**）焼き目がつくまで焼く。途中、焼き色が軽くついたところでベーコンをのせ、粉チーズをかける。

ベビーキャロットのローストとブルーチーズ

野菜の甘みを引き出すのが
得意なグリラーで、
にんじんを甘くグリルします。
ブルーチーズがよいアクセントに。

加熱 10-11min & 余熱 5-8min

材料（2人分）

- ベビーキャロット……12〜15本
（または、にんじん2本を棒状に切る）
- ブルーチーズ……40g
- Ⓐ
  - にんにく（すりおろし）……小さじ1/3
  - オリーブオイル……大さじ1と1/2
  - 塩……小さじ1/3
- クミンパン粉（P.42）……1回分

Point
にんじんが硬い場合は、余熱時間を長めにしてください。パン粉はcolumn. 1のクミンパン粉を使用しています。好みの組み合わせでアレンジしてください。

作り方

1. ベビーキャロットは縦半分に切り、皮つきのままグリラーに入れ、蓋をして電子レンジで**3分**加熱する。
2. 蓋を取り、混ぜたⒶをかける。
3. 2分予熱した魚焼きグリルに蓋をして入れ、中火で**8分程**加熱する（片火は弱火で**8〜10分**加熱する。途中、ベビーキャロットの上下を返す）。
4. 火を止めて庫内に入れたまま**5〜8分**余熱調理をする。蓋を取り、ブルーチーズをちぎりのせ、クミンパン粉をかけ、弱火で**2〜3分**（片火は**1〜2分**）焼き目がつくまで焼く。

しいたけのおかかチーズのせ

野菜の水分を閉じ込めたジューシーなおかず。
大きめのしいたけを見つけたら
チャレンジしてほしい一品です。

加熱 9-10min

材料（2人分）

しいたけ	6〜8枚
ベーコン	2枚
クリームチーズ	50g
オリーブオイル	大さじ1
カツオ節、しょうゆ	各適量

作り方

1 ベーコンは3mm幅に切る。グリラーに、しいたけのカサの内側を上に（片火は下に）して並べ、オリーブオイルをかける。

2 2分予熱した魚焼きグリルに蓋をして入れ、中火で**7分程**加熱する（片火は弱火で**8分程**。途中しいたけの上下を返す）。

3 火を止めてグリラーを取り出したら蓋を取り、カサにクリームチーズ、ベーコンをのせたらそのまま庫内に戻し入れ、弱火で**2〜3分**（片火は**1〜2分**）軽く焼き目がつくまで焼く。カツオ節としょうゆをかける。

焼きとうもろこし

包丁でそげばグリラーでも焼きとうもろこしができます。カレー粉のアクセントで何度も作りたくなる味です。

加熱 6-9 min & 余熱 3-5 min

材料（2人分）

- とうもろこし……3本
- 塩（できれば粗塩）……適量
- 水……大さじ2
- バター……15g
- カレー粉……適量

Point. A

グリラーに収まるように、とうもろこしの芯と実を分けます。丸ごと焼くよりも食べやすくなり、加熱時間も短く済みます。

作り方

1. とうもろこしは皮とヒゲを取る。真ん中に切れ目を入れ、半分に折り、包丁で縦にそいで（A）実をグリラーに入れる。軽く塩をして、水を入れる。

2. 2分予熱した魚焼きグリルに蓋をして入れ、中火で**4分〜6分**加熱する。
   片火 蓋をして電子レンジで**2分**加熱し、2分予熱した魚焼きグリルに入れ、弱火で**5〜8分**加熱する。

3. 火を止めて庫内に入れたまま**3〜5分**余熱調理をする。蓋を取り、弱火で**2〜3分**（片火は**1〜2分**）焼き目がつくまで焼く。バターをのせ、カレー粉、塩をかける。

Point
塩は甘さを引き出すためと、仕上げにアクセントとして味を調えるための2回に分けます。できれば粗塩がおすすめです。

column.1

こんがりレシピにおすすめ！
パン粉アレンジ

パン粉の味を変えるだけでいつもの
肉や魚、野菜がワンランク上の一品に。
混ぜたパン粉をまぶすだけなので、
お気に入りの食材に試してみてください。

A. シナモンパン粉

作り方

ボウルにパン粉 大さじ4 、メープルシロップ 大さじ1 、シナモンパウダー 小さじ1/2 、溶かしバター 15g を入れてよく混ぜる。

おすすめ食材

甘みのある野菜（かぼちゃ、さつまいもなど）、フルーツ（パイナップル、りんごなど）

B. バジルパン粉

作り方

ボウルにパン粉 大さじ4 、粉チーズ 大さじ1/2 を混ぜてから、パスタ用のバジルペースト 大さじ1 を入れ、よく混ぜる。

おすすめ食材

魚介類、白身魚、夏野菜

C. チーズパン粉

作り方

ボウルにパン粉 大さじ4 、粉チーズ 大さじ1 を入れ、オリーブオイル 大さじ2 をまぶし、よく混ぜる。

おすすめ食材

お肉全般、魚介類、野菜（紫玉ねぎ、ブロッコリーなど）

D. クミンパン粉

作り方

ボウルにパン粉 大さじ4 、粉チーズ 大さじ1/2 を入れ、オリーブオイル 大さじ2 をまぶし、クミンシード 小さじ1/2 （またはカレー粉同量）を入れてよく混ぜる。

おすすめ食材

鶏肉、魚介類、野菜（かぼちゃ、にんじんなど）

E. エビパン粉

作り方

ボウルにパン粉 大さじ4 、粉チーズ 大さじ1/2 を入れ、サラダ油 小さじ2 、ごま油 小さじ1 をまぶし、みじん切りにした干し桜エビ 大さじ1/2 を入れてよく混ぜる。

おすすめ食材

野菜（里いも、長いも、長ねぎ、かぶなど）

F. ハーブパン粉

作り方

ボウルにパン粉 大さじ4 、粉チーズ 大さじ1 を入れ、オリーブオイル 大さじ2 をまぶし、しごいたタイム 2枝分 を入れてよく混ぜる。

おすすめ食材

鶏肉、豚肉、ラム肉、夏野菜

※レシピはすべて約１回分です。

PART.2 しっとりおかず

ふんわりやわらかな食感が楽しめる肉、魚、野菜のおかずを集めました。調理のポイントは加熱時間を短めに、余熱を長めに取ること。魚焼きグリルに入れたら放っておくだけなので、忙しい方にもおすすめです。

しっとりおかずのみほんレシピ （P.7）

鶏むねチリチキン

加熱 6-8 min
余熱 5-6 min

材料（2人分）

鶏むね肉 ………… 1枚（300g前後）
ズッキーニ ………… 1本
塩 ………… 3つまみ
酒 ………… 大さじ1
はちみつ ………… 小さじ1
薄力粉 ………… 小さじ2
Ⓐ ケチャップ ………… 大さじ2
Ⓐ スイートチリソース ………… 大さじ1
Ⓐ しょうゆ ………… 小さじ1/2
ピザ用チーズ ………… 30g
サラダ油 ………… 適量

Memo… 鶏むね肉ははちみつをからめておくと、しっとりやわらかな食感に。味つけにスイートチリソースを使うと少ない調味料でも味が決まりやすくなります。

作り方

1 鶏むね肉は幅2cmのそぎ切り、ズッキーニは幅1cmの輪切りにする。

2 鶏むね肉に塩をし、酒、はちみつをからめ、薄力粉をまぶす。グリラーにサラダ油を引き、ズッキーニとともに並べる。

3 2分予熱した魚焼きグリルに蓋をして入れ、中火で**6〜8分**加熱する。
片火 蓋をして電子レンジで**2分半**加熱し、2分予熱した魚焼きグリルに入れ、弱火で**7〜10分程**加熱する。

4 火を止めてグリラーを取り出したらいったん蓋を取り、混ぜたⒶをかける。ピザ用チーズをのせ、再び蓋をして庫内に戻し入れ、**5〜6分**余熱調理をする。

チキンとレモンのモロッコ煮×
青菜のフランス風蒸し煮

グリラーとグリラーミニを組み合わせれば、
あっという間にメインとサブおかずを作ることもできます。
1～2人分の献立におすすめです。

メインのおかず

MAIN no OKAZU

チキンとレモンのモロッコ煮

加熱 7-9 min ▶ 余熱 6-8 min

この煮汁を使って、シメでもう一品 ▶ P.88 チーズリゾット

材料（2人分）

鶏もも肉（唐揚げ用またはひと口大に切る）	250g
じゃがいも	1個
紫玉ねぎ	1/2個
オクラ	3〜4本
グリーンオリーブ	40g
Ⓐ オリーブオイル	大さじ3
Ⓐ グリーンオリーブの汁	大さじ2
Ⓐ レモン汁	大さじ1
Ⓐ クミンパウダー	小さじ1
Ⓐ にんにく（すりおろし）	小さじ1
Ⓐ しょうが（すりおろし）	小さじ1/2
Ⓐ 塩	小さじ1/2
イタリアンパセリ（粗く刻む）	適量
オリーブオイル（好みで）	適量

下準備

保存袋に鶏肉とⒶを入れ、よくもみ、2時間〜2日間冷蔵庫でマリネしておく。

Point 鶏肉は長めに漬けると味わい深くなります。

作り方

1 じゃがいもは皮つきのまま8等分、紫玉ねぎは8等分のくし形切り、オクラはガクを取り、2〜3等分に斜めに切る。

2 グリラーにじゃがいもを入れ、蓋をして電子レンジで**3分**加熱する。

3 *2*に下準備した鶏肉を汁ごと入れ、紫玉ねぎ、オクラ、グリーンオリーブを並べる。

4 2分予熱した魚焼きグリルに蓋をして入れ、中火で**7〜9分**加熱する。
片火 蓋をして電子レンジで**3分**加熱し、2分予熱した魚焼きグリルに入れ、弱火で**8〜10分**加熱する。

5 火を止めて庫内に入れたまま**6〜8分**余熱調理をする。蓋を取り、イタリアンパセリを散らし、好みでオリーブオイルをかける。

Point オリーブの汁とクミンを使って、本場の味に近づけます。

青菜のフランス風蒸し煮

加熱 5 min ▶ 余熱 2-4 min

材料（1〜2人分）

※通常サイズのグリラーで作る場合は1.3〜1.5倍量で作ってみてください。

小松菜	1/2束
塩	ひとつまみ
オリーブオイル	小さじ1

Point. A グリラーミニを使って野菜のさっと蒸し（エチュベ）を作ります。小松菜のほかに、ちんげん菜、ほうれん草など好みの野菜で、副菜が作れます。

Point. B 青菜は加熱後、かさが減るのでたっぷりと入れてOK。蓋にも油を塗っておくと、具材がくっつきにくいです。

作り方

1 小松菜は長さ4cmに切る。

2 グリラーミニに*1*を入れ、塩、オリーブオイルをかける（A）。

3 蓋にオリーブオイル（分量外）を塗り（B）、蓋をして、2分予熱した魚焼きグリルに入れ、中火で**5分程**加熱する。
片火 2分予熱した魚焼きグリルに蓋をして入れ、弱火で**4〜6分**加熱する。

4 火を止めて庫内に入れたまま**2〜4分**余熱調理をする。

しっとりよだれ鶏

鶏むね肉も余熱調理でじっくり火を通せば、しっとりやわらかく食べ応えのあるおかずに。ピリ辛のタレが食欲をそそります。

加熱 6min ▶ 余熱 6-8min

材料（2人分）

鶏むね肉 ---------- 1枚（320g前後）
もやし ---------- 1/2袋(150～200g)
塩 ---------- 3つまみ
酒 ---------- 大さじ1
しょうが（すりおろし） ---------- 小さじ1/2
片栗粉 ---------- 小さじ2

|よだれダレ|
長ねぎ（みじん切り） ---------- 12cm分
酢（あれば黒酢） ---------- 大さじ2
しょうゆ ---------- 大さじ1と1/2
砂糖 ---------- 大さじ1/2
白炒りごま ---------- 小さじ1
ごま油 ---------- 小さじ1
にんにく（すりおろし） ---------- 小さじ1/2
豆板醤 ---------- 小さじ1/2

作り方

1. 鶏肉は幅2cmのそぎ切りにし、塩をする。保存袋に入れ、酒としょうがを入れ、よくもみ込む。常温に15分置いたら片栗粉をまぶす。よだれダレの材料を混ぜておく。

2. グリラーにもやしを敷き、その上に1の鶏肉を広げる。

3. 2分予熱した魚焼きグリルに蓋をして入れ、中火で**6分程**加熱する。
片火 蓋をして電子レンジで**3分**加熱し、2分予熱した魚焼きグリルに入れ、弱火で**6～8分**加熱する（途中、肉の上下を返す）。

4. 火を止めて庫内に入れたまま**6～8分**余熱調理をする。蓋を取り、1のタレをかける。

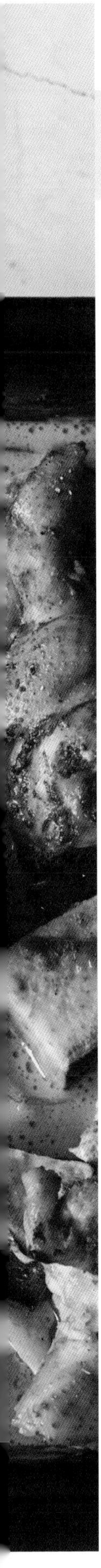

さつまいものベトナムカレー煮

加熱 8min
▼
余熱 6min

ベトナムのチキンカレーは、さつまいもとココナッツミルクを合わせるのが特徴です。鶏は骨つき肉以外にお好みの部位で作れます。

材料（2人分）

- 鶏肉（手羽元）……5〜6本
- さつまいも……1/2本（160g）
- 玉ねぎ……1/2個
- カレー粉……大さじ2
- 塩……小さじ1/4
- Ⓐ
  - ココナッツミルク……150mℓ
  - しょうが（せん切り）……ひとかけ分
  - にんにく（みじん切り）……ひとかけ分
  - ニョクマム（またはナンプラー）……小さじ2〜大さじ1（加減する）
- パクチー（ざく切り）……適量

Point A

骨の側面に切り込みを入れることで、短時間の加熱でもしっかり味が染みやすくなります。数ヶ所切り込みを入れたらお肉を開きます。

作り方

1. 手羽元はキッチンバサミで骨の側面に切り込みを入れ、軽く開く（A）。保存袋に手羽元、カレー粉小さじ1、塩を入れてもみ込み、常温に10分置く。
2. さつまいもは皮つきのまま厚さ1.5cmのいちょう切りにし、水にさらし、キッチンペーパーで水気を取る。玉ねぎは6等分のくし形切りにする。
3. グリラーにさつまいもを入れ、蓋をして電子レンジで**3分**加熱する。

Point 厚めに切ったいも類、根菜などはグリラーに入れて、電子レンジで下ごしらえするのがおすすめ。加熱時間の時短になり、そのまま魚焼きグリルに入れられるので便利です。

4. 3に保存袋から取り出した1と玉ねぎ、残りのカレー粉とⒶを混ぜて入れる。

Point ニョクマムはベトナムの調味料で魚醤のひとつです。ナンプラー（タイの魚醤）またはしょうゆで代用してもOK！

5. 2分予熱した魚焼きグリルに蓋をして入れ、中火で**8分程**加熱する。
   片火 蓋をして電子レンジで**3分**加熱し、2分予熱した魚焼きグリルに入れ、弱火で**8〜10分**加熱する。
6. 火を止めて庫内に入れたまま**6分程**余熱調理をする。皿に盛り、パクチーをのせる。

鶏の塩じゃが

加熱 8-10min ▶ 余熱 8-10min

簡単な煮込みもグリラーならお手の物。
定番おかずの肉じゃがも、食材の旨みを引き出しておいしく作れます。

材料（2人分）

- 鶏もも肉（唐揚げ用またはひと口大に切る）……200g
- じゃがいも（小）……2個（約280g）
- にんじん……1/3本
- 玉ねぎ……1/4個（60g）
- 酒……大さじ1
- 塩……少々
- Ⓐ
  - みりん……大さじ2
  - 酒……大さじ1
  - ごま油……大さじ1/2
  - 鶏がらスープの素（顆粒）……大さじ1/2
  - にんにく（すりおろし）……小さじ1/2
  - 塩……小さじ1/2
- 小ねぎ（小口切り）……適量

作り方

1. 保存袋に鶏肉を入れ、酒と塩をまぶし、下味をつける。じゃがいもは皮をむき、にんじんと一緒に小さめに乱切りにし、玉ねぎはくし形切りにする。
2. グリラーににんじんを広げ、蓋をして電子レンジで**1分半**、じゃがいもを加えさらに**2分**加熱する。
3. 2に鶏肉と玉ねぎを広げ、混ぜたⒶを入れる。
4. 2分予熱した魚焼きグリルに蓋をして入れ、中火で**8〜10分**加熱する。
   片火 蓋をして電子レンジで**3分**加熱し、2分予熱した魚焼きグリルに入れ、弱火で**8〜10分**加熱する。
5. 火を止めて庫内に入れたまま**8〜10分**余熱調理をする。蓋を取り、小ねぎを散らす。

スタミナねぎレバー

絶妙な火入れ具合いでしっとりとろける食感のレバーとにんにくが合います。おつまみにもおすすめです。

加熱 7min ▶ 余熱 6-8min

材料（2人分）

- 鶏レバー ---- 250g
- 塩、こしょう ---- 少々
- 片栗粉 ---- 大さじ1/2
- Ⓐ
  - オイスターソース ---- 大さじ1と1/2
  - しょうゆ ---- 大さじ1/2
  - にんにく（すりおろし） ---- 小さじ1/2
- 小ねぎ（4cm長さ） ---- 5本分
- 白炒りごま ---- 適量
- ごま油 ---- 適量

作り方

1 レバーはそぎ切りし、水を何度か替えながら洗う。ボウルに入れた冷水（あれば牛乳・分量外）に15分浸けて臭みを取る。

Point レバーの下ごしらえに牛乳を使うと、臭みが取れやすくなります。ない場合は冷水に15分浸けてもOKです。

2 キッチンペーパーでレバーの水気を取り、塩、こしょうをして片栗粉をまぶしておく。グリラーにごま油を引き、レバーを入れ、混ぜたⒶをかける。

3 2分予熱した魚焼きグリルに蓋をして入れ、中火で**7分程**加熱する。
片火 蓋をして電子レンジで**2分**加熱し、2分予熱した魚焼きグリルに入れ、弱火で**6〜8分**加熱する。

4 火を止めて庫内に入れたまま**6〜8分**余熱調理をする。蓋を取り、小ねぎ、白ごまを散らし、全体を混ぜる。

ポークチャップ

加熱 8min ▶ 余熱 5-6min

ソースで蒸し煮にしてから余熱調理をするので、
フライパンで作るよりもお肉がふっくらやわらかく仕上がります。
バターでコクをプラス。

材料（2人分）

豚薄切り肉（肩ロース・ロース肉など焼肉用）--- 250g
玉ねぎ --- 1/4個
マッシュルーム --- 3〜4個
ピーマン --- 1個
塩、こしょう --- 少々
薄力粉 --- 大さじ1/2
Ⓐ
ケチャップ --- 大さじ2と1/2
白ワイン（または酒）--- 大さじ1
中濃ソース --- 大さじ1/2
しょうゆ --- 小さじ1/2
バター --- 15g

作り方

1 豚肉は大きいものはひと口大に切り、塩、こしょうをしておく。玉ねぎは薄切り、マッシュルームは幅5mmの薄切り、ピーマンは幅8mmの輪切りにする。

2 グリラーに豚肉を入れ、薄力粉をまぶし、玉ねぎ、マッシュルームを入れる。混ぜたⒶをかける。

3 2分予熱した魚焼きグリルに蓋をして入れ、中火で**8分程**加熱する（片火は弱火で**9〜12分**加熱する。途中、肉の上下を返す）。

4 火を止めてグリラーを取り出したらいったん蓋を取り、ピーマン、バターをのせ、再び蓋をして庫内に戻し入れ、**5〜6分**余熱調理をする。

Point ピーマンは後入れし、余熱調理で色よく仕上げ、食感を残します。

豚ロースのディアボラ風

ディアボラ風とは「悪魔風」という意味のイタリア料理のソースです。辛みは一味唐辛子で加減してください。

加熱 6min ▶ 余熱 5-7min

材料（2人分）

豚ロース肉（とんかつ用など）------2枚（250g前後）
塩 ------3つまみ
白ワイン（または酒）------大さじ1
酢 ------大さじ1/2

Ⓐ
玉ねぎ（みじん切り）------1/2個分
にんにく（みじん切り）------1/2かけ分
オリーブオイル ------大さじ2
しょうゆ ------小さじ1/2
パセリ（みじん切り・ドライでもOK）--ふたつまみ
一味唐辛子（好みで）------適量

作り方

1 豚肉は筋切りし、グリラーに入れて塩をして白ワインと酢をまぶし、常温に10分置く。

2 1の上に混ぜたⒶをのせる。

3 2分予熱した魚焼きグリルに蓋をして入れ、中火で**6分程**加熱する。
片火 蓋をして電子レンジで**2分**加熱し、2分予熱した魚焼きグリルに入れ、弱火で**7〜9分**加熱する。

4 火を止めて庫内に入れたまま**5〜7分**余熱調理をする。

豆入りキーマカレー

遠赤外線効果で野菜の旨みをしっかり
引き出します。焦げの心配がなく、
短時間で作れるのも嬉しいポイントです。

加熱 8min ▶ 余熱 6min

材料（2人分）

合いびき肉 …… 200g
玉ねぎ …… 1/4個
にんじん …… 1/3本
ミックスビーンズ（加熱済み） …… 50g
Ⓐ
トマトケチャップ …… 大さじ3
カレー粉 …… 大さじ2
ソース …… 大さじ1
（中濃・ウスター・とんかつなど好みのものでOK）
にんにく（すりおろし） …… 小さじ1
しょうが（すりおろし） …… 小さじ1
塩 …… 小さじ1/2
バター …… 20g
ごはん …… 適量
パセリ（みじん切り） …… 適量

作り方

1 玉ねぎとにんじんはみじん切りにする。

2 グリラーにひき肉、1、ミックスビーンズを広げ、Ⓐを入れ、よく混ぜたらバターを散らしてのせる。

3 2分予熱した魚焼きグリルに蓋をして入れ、中火で**8分程**加熱する。
片火 蓋をして電子レンジで**3分**加熱し、2分予熱した魚焼きグリルに入れ、弱火で**7～10分**加熱する。

4 火を止めて庫内に入れたまま**6分程**余熱調理をする。

5 皿にごはんと4を盛り、パセリを散らす。

麻婆なす

なすを並べて焼くだけで食感が絶妙な麻婆なすができます。肉ダレはなすにのせて焼き、最後に全体を混ぜます。

加熱 6min ▶ 余熱 6min

材料（2人分）

	なす	2〜3本
	片栗粉	小さじ2
A	豚ひき肉	80g
A	長ねぎ（みじん切り）	8cm分
A	みそ	大さじ1
A	しょうゆ	大さじ1/2
A	砂糖	大さじ1/2
A	鶏がらスープの素（顆粒）	小さじ1
A	しょうが（すりおろし）	小さじ1/2
A	にんにく（すりおろし）	小さじ1/2
A	豆板醤	小さじ1/4〜1/3（辛さは好みで）
	ごま油	適量

作り方

1 なすはヘタを取り、縦に8等分し、片栗粉をまぶす。

2 グリラーにごま油を引き、なすを並べ、その上に混ぜたⒶをのせる（A）。

3 2分予熱した魚焼きグリルに蓋をして入れ、中火で**6分程**加熱する。
片火 蓋をして電子レンジで**2分**加熱し、2分予熱した魚焼きグリルに入れ、弱火で**6〜8分**加熱する。

4 火を止めて庫内に入れたまま**6分程**余熱調理をする。蓋を取り、全体を混ぜる。

Point. A

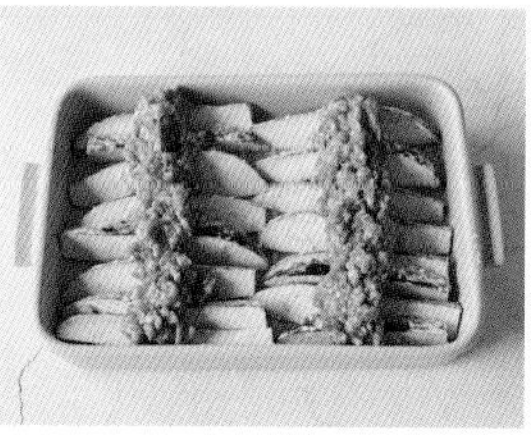

なすは片栗粉をまとわせてからグリラーで蒸し焼きにすることで、べしゃっとせず、程よい食感に仕上がります。肉ダレをのせて焼くと肉感が残ります。

ごぼうと牛肉のごまよごし

加熱 8 min

▼

余熱 5-8 min

ごまの風味が豊かな、ごはんに合うおかずです。
作り置きにもぴったり。ひき肉でも作れます。

材料（2人分）

- 牛薄切り肉 …… 100g
- ごぼう …… 1本
- 水 …… 大さじ1
- Ⓐ
  - しょうゆ …… 大さじ1
  - みりん …… 大さじ1
  - 砂糖 …… 小さじ1
  - 和風だしの素（顆粒） …… 小さじ1/2
  - 鷹の爪（輪切り） …… 3つまみ
- すりごま …… 大さじ1と1/2
- ごま油 …… 適量

作り方

1 ごぼうは斜めに薄切りし、水で洗っておく。

2 グリラーにごま油を引き、1と水を入れ、蓋をして電子レンジで**3分**（片火は**4分**）加熱する。

3 2に牛肉を広げ、混ぜたⒶ、すりごまをかける。

2分予熱した魚焼きグリルに蓋をして入れ、中火で**8分程**（片火は弱火で**8〜10分**）加熱する。

5 火を止めて庫内に入れたまま**5〜8分**余熱調理をする。
片火 火を止めていったん取り出し、ひと混ぜしたら蓋をして庫内に戻し入れ、両火と同様に余熱調理をする。

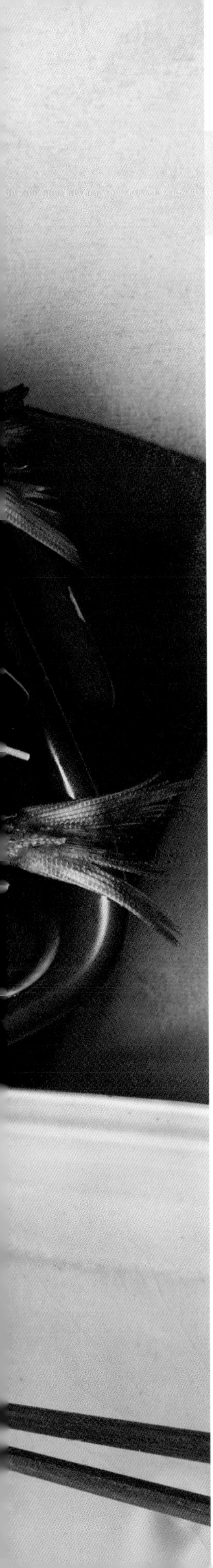

アジの中華アクアパッツァ

加熱 10min
余熱 5min

グリラーレシピで人気のアクアパッツァを中華風にアレンジしました。魚は身がふっくら、海鮮のだしがたっぷり染みた野菜も美味です。

材料（2人分）

アジ（中サイズ）	2尾
アサリ	150g
長ねぎ	10cm
ミニトマト	2〜3個
しょうが	1かけ
Ⓐ 紹興酒（または酒）	大さじ2
Ⓐ ナンプラー	大さじ1/2
パクチー（ざく切り）	適量
白髪ねぎ	適量
白炒りごま	適量
ごま油	適量

下準備

アサリは塩水に浸け、砂出しする。

作り方

1 アジは腹に切り込みを入れて内臓を取り、塩（分量外）をして10分程置いてから水洗いする。両面に十字の切り込みを入れる。長ねぎは斜めに薄切り、ミニトマトは横に3等分に切る。しょうがは皮をむき、せん切りにする。

2 グリラーにごま油を引き、長ねぎを敷いたらアジを置く（片火はアジの頭を右に置く）。隙間に下準備したアサリ、ミニトマトを置いてしょうがを散らし、Ⓐをかける。

3 2分予熱した魚焼きグリルに蓋をして入れ、中火で**10分程**加熱する。
片火 蓋をして電子レンジで**3分**加熱し、2分予熱した魚焼きグリルに入れ、弱火で**10〜12分**加熱する（途中、魚の上下左右を返す）。

Point アジのしっぽがはみ出した場合、そのまま蓋をします。片火でひっくり返す必要があるときも返しやすくなります。

4 火を止めて庫内に入れたまま**5分程**余熱調理をする。蓋を取り、パクチーと白髪ねぎを合わせたものを添え、白ごまをふる。

タラときのこの花椒ニラソース

花椒《ホアジャオ》がアクセントのニラソースを
たっぷりかけて。ほかの白身魚や、
鶏肉などに代えてもおいしくできます。

加熱 7min ▶ 余熱 4-6min

材料（2人分）

タラ（切り身）------------ 2切れ
きのこ（ぶなしめじ、しいたけ、まいたけなど）-------------- 150g

|花椒ニラソース|

ニラ ------------------------ 1/3束
ごま油 ------------------- 大さじ2
しょうゆ ------------- 大さじ1/2
酢 ---------------------- 大さじ1/2
花椒（粒）----------- 小さじ1/2

酒 --------------------- 大さじ1
鶏がらスープの素（顆粒）
------------------------ 小さじ1/2

作り方

1 タラは塩（分量外）をして10分程置いてから水洗いし、キッチンペーパーで水気を取っておく。きのこは石づきを取り、しいたけは薄切りにする。ニラはみじん切りにし、耐熱容器にごま油、つぶした花椒と一緒に入れ、ラップをして電子レンジで**1分〜1分半**加熱し、ほかの花椒ニラソースの材料と混ぜる。

Point 花椒はキッチンペーパーに包み、瓶などでつぶします。粒状のものを使うことで香り高くなります。

2 グリラーにきのこをほぐしながら広げ、その上にタラをのせ、酒、鶏がらスープの素をかける。

3 2分予熱した魚焼きグリルに蓋をして入れ、中火で**7分程**加熱する。
片火 蓋をして電子レンジで**2分**加熱し、2分予熱した魚焼きグリルに入れ、弱火で**7〜9分**加熱する。

4 火を止めて庫内に入れたまま**4〜6分**余熱調理をする。蓋を取り、花椒ニラソースをかける。

かぼちゃほっくりサバそぼろ

**かぼちゃはカットしてあるものを
使うと下ごしらえがラクになります。
サバ缶のみそ味をそのまま
使っているので味つけも簡単です。**

加熱 8-10min ▸ 余熱 5-8min

材料（2人分）

- かぼちゃ（正味）……250g
- サバ缶（みそ味）……1缶（190g）
- 水……大さじ1
- バター……15g
- 小ねぎ（小口切り）……適量

Point. A

サバはフォークでつぶし、そぼろ状にしておきます。

作り方

1. かぼちゃは幅8mm、長さ6cm程度の薄切りにする。サバ缶は汁ごと使い、身をフォークでつぶしておく（A）。
2. グリラーにかぼちゃを並べて水をかけ、蓋をして、電子レンジで**2分**（片火は**3分**）加熱する。蓋を取り、かぼちゃの上にバターを散らし、サバを中央にのせる。
3. 2分予熱した魚焼きグリルに蓋をして入れ、中火で**8〜10分**（片火は弱火で**10〜12分**）加熱する。
4. 火を止めて庫内に入れたまま**5〜8分**余熱調理をする。蓋を取り、小ねぎを散らす。

イワシの梅酢蒸し

イワシの身を崩さずふっくらと仕上げます。梅と酢、青じそのあっさり味でいくらでも食べられます。

加熱 8min ▶ 余熱 5-6min

材料（2人分）

イワシ	4尾
しょうが	1/2かけ
梅干し	2個
Ⓐ 酢	大さじ2
Ⓐ 酒	大さじ2
Ⓐ 水	大さじ2
青じそ（せん切り）	4枚分

作り方

1 イワシは頭と内臓を取り、水洗いし、キッチンペーパーで水気を取る。しょうがは皮をむき、せん切りにする。

2 グリラーにイワシを入れ、その上にちぎった梅干し、しょうがをのせ、Ⓐをかける。

3 2分予熱した魚焼きグリルに蓋をして入れ、中火で**8分程**加熱する。
片火 蓋をして電子レンジで**2分**加熱し、2分予熱した魚焼きグリルに入れ、弱火で**8〜10分**加熱する。

4 火を止めて庫内に入れたまま**5〜6分**余熱調理をする。蓋を取り、青じそをのせる。

カキのフランス風白い煮込み

フランス料理でフリカッセという
クリームの煮込みです。
カキの旨みをしっかり閉じ込めます。

加熱 8 min ▶ 余熱 5-7 min

材料（2人分）

- カキ……200g
- 玉ねぎ……1/2個
- マッシュルーム……4個
- いんげん……5本
- 薄力粉……大さじ1/2
- Ⓐ
  - 生クリーム……100mℓ
  - 白ワイン（または酒）……大さじ2
  - にんにく（すりおろし）……小さじ1/3
- バター……15g
- 塩、こしょう……少々
- パセリ（みじん切り）……適量

作り方

1. カキは水洗いし、キッチンペーパーで水気を取る。玉ねぎは薄切り、マッシュルームは3〜4等分、いんげんは長さ3cmで斜めに切る。
2. グリラーに玉ねぎを敷き、薄力粉をまぶす。カキ、マッシュルーム、いんげん、混ぜたⒶをかけ、バターをのせる。
3. 2分予熱した魚焼きグリルに蓋をして入れ、中火で**8分程**加熱する。
   片火　蓋をして電子レンジで**2分**加熱し、2分予熱した魚焼きグリルに入れ、弱火で**8〜10分**加熱する。
4. 火を止めて庫内に入れたまま**5〜7分**余熱調理をする。蓋を取り、塩、こしょうをし、パセリを散らす。

エビと長いものスイチリマヨ

ホクホクの長いもとエビに
スイートチリマヨネーズをからめます。スイートチリソースの代わりに
ケチャップと豆板醤を使っても。

(加熱 8min) ▶ (余熱 4-6min)

材料（2人分）

エビ……約14尾（殻つき200g）
長いも……15cm（正味180g）
塩、こしょう……少々
Ⓐ スイートチリソース……大さじ2
Ⓐ マヨネーズ……大さじ1と1/2
パクチー（ざく切り）……適量

作り方

1 長いもは幅1cmの輪切り（大きい場合は半月切り）にする。エビは殻をむき、片栗粉適量と塩ひとつまみ（いずれも分量外）をまぶして1分程置いてから水洗いする。キッチンペーパーで水気を取る。

2 グリラーに1を並べ、塩、こしょうをし、混ぜたⒶをかける。2分予熱した魚焼きグリルに蓋をして入れ、中火で**8分程**加熱する。
片火 蓋をして電子レンジで**2分**加熱し、2分予熱した魚焼きグリルに入れ、弱火で**8〜10分**加熱する。

3 火を止めて庫内に入れたまま**4〜6分**余熱調理をする。蓋を取り、パクチーを添える。

キャベツステーキ　じゃこソース

大きくカットしたキャベツを食べ応えのあるステーキにしました。余りがちなキャベツもおいしく使い切れます。

加熱 8min ▶ 余熱 4min

材料（2人分）

キャベツ……1/4個
松の実（または砕きアーモンド）……小さじ1
塩……3つまみ
|じゃこソース|
ちりめんじゃこ……大さじ1
しょうが（すりおろし）……小さじ1/2
ごま油……大さじ2
酢……大さじ1/2
しょうゆ……小さじ1
砂糖……ふたつまみ

七味唐辛子（好みで）……適量

作り方

1. キャベツは縦に4等分にする。
2. グリラーに1を並べ、塩をふり、松の実を散らす。
3. 2分予熱した魚焼きグリルに蓋をして入れ、中火で**8分程**（片火は弱火で**8〜10分**）加熱する。小さめのボウルにじゃこソースの材料を混ぜておく。
4. 火を止めてグリラーを取り出したらいったん蓋を取り、じゃこソースをかけ、再び蓋をして庫内に戻し入れ、**4分程**余熱調理をする。蓋を取り、好みで七味唐辛子をかける。

フラメンカエッグ

加熱 8min

▼

余熱 3-6min

フラメンコの衣装を思わせる色鮮やかな
スペインの野菜料理です。
パプリカパウダーを入れることで
コクが出て、味わい深くなります。

材料（2人分）

ソーセージ……5本
パプリカ（赤・黄）……各1/2個
玉ねぎ……1/2個
卵……2個
Ⓐ
トマト缶（カット）……1/2缶（200g）
オリーブオイル……大さじ2
パプリカパウダー……小さじ2
（またはケチャップ大さじ1）
にんにく（すりおろし）……小さじ1/2
塩……小さじ1/2
カイエンペッパー……小さじ1/3～1/2
（ちぎった唐辛子適量でもOK）
イタリアンパセリ……適量

作り方

1 ソーセージは幅1.5cmの輪切り、パプリカ、玉ねぎは1.5cm角に切る。

2 グリラーにⒶと1を入れて混ぜる。

3 2分予熱した魚焼きグリルに蓋をして入れ、中火で**8分程**加熱する。
片火 蓋をして電子レンジで**3分**加熱し、2分予熱した魚焼きグリルに入れ、弱火で**8～10分**加熱する。

4 火を止めてグリラーを取り出したらいったん蓋を取り、2ヶ所くぼみを作り、そこへ卵を落とし（A）、再び蓋をして庫内に戻し入れ、**3～6分**余熱調理をする。蓋を取り、ちぎったイタリアンパセリを散らす。

Point A

フラメンカエッグは色とりどりの野菜と半熟卵をからめて食べる料理。卵は余熱調理で好みの硬さに調節してください。

SUB no OKAZU

サブのおかず

ヤムウンセン

加熱 8min
▼
余熱 5min

ほんのり温かい状態でいただくタイの春雨サラダです。電子レンジと魚焼きグリルの合わせ技で、グリラーのみで本場の味があっという間に完成します。

材料（2人分）

シーフードミックス……100g
豚ひき肉……50g
紫玉ねぎ……1/6個
セロリ（葉も含む）……10cm（40g）
ミニトマト……4個
春雨……50g
水……150mℓ

Ⓐ
- ナンプラー……大さじ1〜1と1/2
- レモン汁……大さじ1
- 砂糖……大さじ1/2〜2/3
- にんにく（みじん切り）……1/2かけ分
- 鷹の爪……1/2本

干し桜エビ……大さじ1

作り方

1 紫玉ねぎとセロリの茎は薄切り、セロリの葉はせん切りにする。ミニトマトは4等分に切る。

2 グリラーに春雨と水を入れ、しっかりと浸し混ぜてから（A）蓋をして、電子レンジで**3分**加熱する。

3 *2*の蓋を取り、春雨の上にシーフードミックス、ひき肉を散らす。2分予熱した魚焼きグリルに蓋をして入れ、中火で**8分程**加熱する。
片火 蓋をして電子レンジで**2分**加熱し、2分予熱した魚焼きグリルに入れ、弱火で**8〜10分**加熱する。

4 火を止めてグリラーを取り出したら蓋を取り、混ぜたⒶを回しかけ、桜エビをのせ、再び蓋をして庫内に戻し入れ、**5分程**余熱調理をする。蓋を取り、セロリの葉以外の*1*を入れ、よく混ぜたらセロリの葉をのせる。

Point パクチーの代わりにセロリの葉をたっぷり入れて、爽やかな味に仕上げています。

Point. A

春雨は鍋でゆでなくてもグリラーで戻せます。全体がしっかり水に浸かるようにして、春雨に水分を吸わせるのがコツです。

ガラムマサラを入れ、蒸し煮（サブジ）にします。カレーの副菜にもおすすめです。

オクラとカリフラワーのインド蒸し煮

加熱 5min ▶ 余熱 3-5min

材料（2-3人分）

カリフラワー ……………… 1株（正味約200g）
オクラ ……………… 6本
Ⓐ
- オリーブオイル …… 大さじ2
- ガラムマサラ（またはカレー粉） ……………… 小さじ1/2
- 塩 ……………… 小さじ1/2

作り方

1 カリフラワーは小房に分ける。オクラはガクを切り取り、斜め半分に切る。

Point カリフラワーのほかズッキーニ、パプリカ、いんげんなども合います。

2 グリラーに1、Ⓐを入れて混ぜる。

3 2分予熱した魚焼きグリルに蓋をして入れ、中火で**5分程**（片火は弱火で**6〜8分**）加熱する。

4 火を止めて庫内に入れたまま**3〜5分**余熱調理をする。

Point 硬めが好みの方は余熱調理の時間を短めにしてください。

2色のパプリカを輪切りにして、目にも楽しいサブおかずに。レモンの酸味が箸休めにもぴったりです。

パプリカレモンマリネ

加熱 6min ▶ 余熱 5min

材料（2人分）

- パプリカ（赤・黄）………各1個
- レモン（国産）………1/2個
- Ⓐ
  - オリーブオイル………大さじ2
  - 白ワインビネガー（または酢）………大さじ1/2〜1
  - はちみつ（または砂糖小さじ1/2）………小さじ1
  - 塩………3つまみ

作り方

1. パプリカはヘタと種を取り除き、幅1.5cmの輪切りにする。レモンは2枚スライスし、半月切りにする。残りは取っておく。
2. グリラーに1のパプリカを並べ、半月切りにしたレモンを上に置く。混ぜたⒶをかける。
3. 2分予熱した魚焼きグリルに蓋をして入れ、中火で**6分程**加熱する（片火は弱火で**8〜10分**加熱する。途中、全体を混ぜる）。
4. 火を止めて庫内に入れたまま**5分程**余熱調理をする。1で残ったレモンを搾る。

ソーセージとザワークラウト風さっと煮

色が鮮やかな紫キャベツを食卓に。
なければキャベツで作ってもOKです。
お弁当用や作り置きおかずにもできます。

加熱 8min ▶ 余熱 5min

材料（2人分）

紫キャベツ……1/5個（150g）
ソーセージ……5本
ローリエ……1枚
Ⓐ
- オリーブオイル……大さじ2
- 白ワインビネガー（または酢）……大さじ1～大さじ1と1/2
- 粒マスタード……小さじ1
- 砂糖……小さじ1

作り方

1. 紫キャベツは繊維を断つようにせん切り、ソーセージは斜め薄切りにする。
2. グリラーに1を入れ、ローリエをのせる。混ぜたⒶをかける。
3. 2分予熱した魚焼きグリルに蓋をして入れ、中火で**8分程**加熱する（片火は弱火で**8～10分**加熱する。途中、全体をかき混ぜる）。
4. 火を止めて庫内に入れたまま**5分程**余熱調理をする。

なすの焼き浸し

なすの水分を残し、食感よく作れます。
市販の麺つゆにごま油を
足してもおいしくできます。

加熱 8min ▶ 余熱 5min

材料（2人分）

なす	3本
ししとう	6本
みょうが	1個
Ⓐ カツオ節	1/2パック（約2g）
Ⓐ しょうゆ	大さじ1と1/2
Ⓐ みりん	大さじ1と1/2
Ⓐ ごま油	大さじ1
Ⓐ 砂糖	小さじ1

作り方

1. なすはピーラーで縞目にむき、幅1cmの輪切りにする。ししとうは爪楊枝で穴を開ける。みょうがは縦半分にしてせん切りにし、水にさらしてキッチンペーパーで水気を取る。
2. グリラーに1のなすとししとうを並べ、混ぜたⒶをかける。
3. 2分予熱した魚焼きグリルに蓋をして入れ、中火で**8分程**加熱する。
   片火 蓋をして電子レンジで**2分**加熱し、2分予熱した魚焼きグリルに入れ、弱火で**8〜10分**加熱する。
4. 火を止めて庫内に入れたまま**5分程**余熱調理をする。蓋を取り、みょうがを添える。

きのこのホットマリネ

**きのこがたっぷり食べられるマリネです。しょうゆとバルサミコ酢で、
おつまみにもごはんのおかずにもなります。**

加熱 6min ▶ 余熱 5min

材料（2人分）

きのこ（ぶなしめじ、まいたけ、えのきだけ、しいたけ）……計200g

Ⓐ
- オリーブオイル……大さじ2
- バルサミコ酢（または酢）……大さじ1/2〜1
- しょうゆ……小さじ1
- にんにく（すりおろし）……小さじ1/3
- 鷹の爪（輪切り）……3つまみ

作り方

1. しいたけは薄切りにし、ほかのきのこは石づきを取ってほぐしておく。
2. グリラーに1をほぐしながら入れ、混ぜたⒶをかける。
3. 2分予熱した魚焼きグリルに蓋をして入れ、中火で**6分程**加熱する。
   片火 蓋をして電子レンジで**2分**加熱し、2分予熱した魚焼きグリルに入れ、弱火で**6〜8分**加熱する。
4. 火を止めて庫内に入れたまま**5分程**余熱調理をする。

PART.3 ／ごはん・麺・主食

グリラーが１台あれば、
１〜２人分にぴったりな
主食も作れます。
ラクしたいときの
ひとりごはんにもおすすめです。
フライパンを使うより
洗い物が少なく、
短時間でできます。

エビのグリーンカレーパエリア

市販のグリーンカレーを使って
簡単パエリアにアレンジしました。
焼き目の加減は好みで。

加熱 13-15 min

材料（2人分）

エビ（中）……4尾
ミニトマト……3個
ヤングコーン
……3〜4本（たけのこでもOK）
グリーンカレー（市販）……1食分
ごはん……360g
粉チーズ……大さじ1/2
バジル……適量

作り方

1. エビは殻と背わたを取り除き、片栗粉適量と塩少々（ともに分量外）をまぶして1分程置いてから水洗いする。ミニトマトは半分、ヤングコーンは幅1cmに切る。

2. 軽く温めたごはんとグリーンカレーのペースト大さじ5を混ぜる。

3. グリラーに2を敷き詰め、残りのグリーンカレーを具材ごとのせ、1をのせ、粉チーズをかける。

4. 2分予熱した魚焼きグリルに蓋をして入れ、中火で**10分程**加熱する。
片火 蓋をして電子レンジで**3分**加熱し、2分予熱した魚焼きグリルに入れ、弱火で**10〜12分**加熱する。

5. 蓋を取り、弱火で**3〜5分**（片火は**1〜4分**）焼き目がつくまで焼く。仕上げにちぎったバジルをのせる。

しっとりルーロー飯

人気の台湾ごはんも
グリラーを使えば
余熱調理で
手軽にできます。
たくあんと八角代わりの
シナモンが味の決め手。

加熱 6 ▶ 余熱 5-7

材料（2人分）

豚ばら肉（塊）…………200g
長ねぎ（緑の部分も含む）…………12cm
たくあん…………3〜4枚（約20g）
塩…………小さじ1/4
しょうが（すりおろし）…………小さじ1
にんにく（すりおろし）小さじ1/3

Ⓐ
- しょうゆ…………大さじ1と1/2
- オイスターソース…………大さじ1
- 酢…………大さじ1
- 砂糖…………小さじ2
- シナモンパウダー…………小さじ1/2
- 鷹の爪（輪切り）…………3つまみ

ごはん、青菜のゆでたもの、
高菜漬け、ゆで卵…………各適量

作り方

1 豚肉は1.5cmの角切りにし、グリラーに入れ、塩、しょうが、にんにくをもみ込み、時間があれば常温に15分置く。

2 長ねぎとたくあんは粗みじん切りにして1に入れ、混ぜたⒶをかける。

3 2分予熱した魚焼きグリルに蓋をして入れ、中火で**6分程**加熱する。
片火 蓋をして電子レンジで**2分**加熱し、2分予熱した魚焼きグリルに入れ、弱火で**7〜9分**加熱し、途中ひと混ぜする。

4 火を止めて庫内に入れたまま**5〜7分**余熱調理をする。

5 器にごはんを盛り、4、青菜、高菜漬け、ゆで卵をのせる。

カルボナーラ

（加熱 5-7min）

火の通りが難しいカルボナーラもグリラーなら失敗知らず。
スパゲティもグリラーが1台あれば、
鍋もお皿もいらず、洗い物がラクになります。

材料（1人分）

- ブロックベーコン（または薄切り）……30g
- スパゲティ（1.8mm）……80g
- Ⓐ
  - 水……150mℓ
  - オリーブオイル……大さじ1/2
  - 鶏がらスープ（顆粒）……小さじ1/2
- Ⓑ
  - 生クリーム……80mℓ
  - 粉チーズ……小さじ2
  - 塩……4つまみ
- 卵……1個
- 黒こしょう、粉チーズ、パセリ（みじん切り）……各適量

作り方

1 ベーコンは8mmの棒状（薄切りの場合は8mm幅）に切る。

2 グリラーにⒶを加え、よく混ぜ、スパゲティを折って入れ、よく混ぜる（A）。

3 蓋をして電子レンジで**6分程**加熱する。

Point スパゲティは0.2mm前後の差であれば加熱時間は変わりません。好みの太さでOKです。

4 蓋を取り、ベーコン、混ぜたⒷをかけ、2分予熱した魚焼きグリルに蓋をして入れ、中火で**5〜7分**（片火は弱火で**6〜8分**）加熱する。

Point 蓋を取る際は火傷に注意してください。スパゲティが硬い場合は、余熱調理で2〜3分置きましょう。

5 蓋を取り、全体をよく混ぜて湯気が軽く落ち着いたら卵を割り入れ、黒こしょう、粉チーズ、パセリをかける。

Point 加熱後すぐに卵を入れると固まってしまいます。全体を混ぜて温度を少し下げてから入れると、とろりとしたソースに。味が決まらないときは、塩を足してください。

Point. A

水にオリーブオイルを入れて浸すことでスパゲティがくっつきにくくなります。全体に水分が行き渡るようによく混ぜましょう。

ボンゴレスパゲティ

アサリの火通りがちょうどよく仕上がります。フライパンや鍋を使って調理するより、短時間でできるのも魅力です。

加熱 6-8 min

材料（1人分）

アサリ ---------- 100g
玉ねぎ ---------- 1/4個
スパゲティ ---------- 80g
Ⓐ
- 水 ---------- 150mℓ
- オリーブオイル ---------- 大さじ1/2
- 鶏がらスープの素（顆粒） ---------- 小さじ1/2
- にんにく（すりおろし） ---------- 小さじ1/3
- 塩 ---------- 3つまみ

白ワイン ---------- 大さじ2
パセリ（みじん切り） ---------- 適量

下準備

アサリは塩水に浸け、砂出しする。

作り方

1 玉ねぎは薄切りにする。グリラーにⒶを加え、よく混ぜ、スパゲティを折って入れる。

Point スパゲティがくっつきやすいので、全体に水分が行き渡るようによく混ぜましょう。

2 蓋をして電子レンジで**6分**加熱する。

Point スパゲティは0.2mm前後の差であれば加熱時間は変わりません。好みの太さでOKです。

3 蓋を取り、下準備したアサリ、玉ねぎをのせ、白ワイン、オリーブオイル適量（分量外）をかけ、2分予熱した魚焼きグリルに蓋をして入れ、中火で**6～8分**（片火は弱火で**7～10分**）加熱する。

Point 蓋を取る際は火傷に注意してください。スパゲティが硬い場合は、余熱調理で2～3分置きましょう。

4 蓋を取り、全体をよく混ぜてパセリを散らす。

アジア焼きそば

中華麺で作る
エスニック焼きそばです。
香ばしく焼くこともできるグリラーなら、
フライパンなしでも作れます。

加熱 7min

材料（1人分）

エビ --------------------- 4尾
（冷凍の場合は水に浸けて解凍しておく）
厚揚げ（または油揚げ）----- 1/4個
焼きそば麺 ---------------- 1個
もやし ------------- ひとつかみ
水 ------------------- 大さじ1
Ⓐ スイートチリソース ------------ 大さじ1
Ⓐ ナンプラー -- 小さじ1～大さじ1/2（好みの量）
Ⓐ 塩、こしょう ----------- 少々
ピーナッツ（砕く）、干し桜エビ、
パクチー（ざく切り）------ 各適量
レモン（くし形切り）------- 1切れ

作り方

1. エビは殻と背わたを取り除き、片栗粉適量と塩少々（ともに分量外）をまぶして1分程置いてから水洗いする（冷凍エビの場合も同様に）。厚揚げは8mmの棒状にする。
2. グリラーに焼きそば麺、水を入れ、電子レンジで**2分**（片火は**4分**）加熱し、箸でほぐしておく（A）。
3. 2の上に混ぜたⒶ、もやし、エビ、厚揚げの順にのせる。
4. 2分予熱した魚焼きグリルに蓋をして入れ、中火で**7分程**（片火は弱火で**7～10分**）加熱する。
5. 蓋を取り、ピーナッツ、干し桜エビ、パクチー、レモンをのせる。

Point. A

麺はグリラーに入れ、電子レンジで蒸して下ごしらえします。加熱後すぐに全体を混ぜ、ほぐしておきましょう。

サバのインド風炊き込みごはん

インドでごちそうとして
親しまれている
炊き込みごはん
「ビリヤニ」をグリラーで。
具とごはんを重ねて
蒸し焼きにし、
手軽に作ります。

加熱 10min

材料（2人分）

- サバ缶（水煮）…1缶（約190g）
- トマト（中）…1個
- 紫玉ねぎ…1/6個
- ごはん…300g
- Ⓐ
  - ヨーグルト…大さじ3
  - トマトペースト（またはケチャップ）…大さじ2
  - カレー粉…大さじ2
- バター…15g
- フライドオニオン…大さじ1と1/2
- レーズン…大さじ1と1/2
- パクチー（ざく切り）…4本分

作り方

1 トマトは角切り、紫玉ねぎは薄切りにする。

2 サバ缶の汁は捨て、身をフォークなどで粗くつぶしながらⒶと混ぜたらグリラーに敷く。

3 2の上に、軽く温めたごはんを広げる（A）。

4 2分予熱した魚焼きグリルに蓋をして入れ、中火で**10分程**加熱する。

片火 蓋をして電子レンジで**3分**加熱し、2分予熱した魚焼きグリルに入れ、弱火で**8～10分**加熱する。

5 蓋を取り、ちぎったバター、1、フライドオニオン、レーズン、パクチーの順にのせる。

6 食べる際、上下を返すように全体を混ぜる。

Point サバ缶とトマト、ヨーグルトの旨みをベースに、トッピングにいろんな具が入ることで味に深みが出ます。トッピングは好みで。

Point. A

サバペーストの上にごはんをのせて焼きます。食べる際に全体を混ぜて、ビリヤニ風に仕上げます。

キャベツたっぷりのタコお好み

キャベツたっぷりの
保形しにくいお好み焼きも、
グリラーなら広げて焼くだけ。
ひっくり返す手間もありません。

加熱 10-11min ▶ 余熱 5min

材料（2人分）

- キャベツ……1/4個（150g）
- タコ……60g
- ちくわ……2本
- Ⓐ
  - 卵……1個
  - 水……60mℓ
  - 薄力粉……50g
  - 和風だしの素（顆粒）……小さじ1
- 天かす（あれば）……大さじ2
- ソース、マヨネーズ、カツオ節、青のり……各適量
- 紅しょうが（好みで）……適量
- ごま油……大さじ1/2

作り方

1. キャベツはせん切り、タコはひと口大、ちくわは輪切りにする。
2. ボウルにⒶを入れて混ぜ、キャベツを加えてからめるように混ぜる。
3. グリラーにごま油を引き、ハケまたはキッチンペーパーで塗り広げる。2を流し入れ、広げたらタコとちくわ、あれば天かすを散らす。
4. 2分予熱した魚焼きグリルに蓋をして入れ、中火で**8分程**加熱する。
   片火 蓋をして電子レンジで**2分半**加熱し、2分予熱した魚焼きグリルに入れ、弱火で**8〜10分**加熱する。
5. 火を止めて庫内に入れたまま、**5分程**余熱調理をする。蓋を取り、弱火で**2〜3分**（片火は**1〜2分**）焼き目がつくまで焼く。
6. ソース、マヨネーズ、カツオ節、青のりをかけ、好みで紅しょうがを添える。

column.2

お酒にぴったり！

グリラーミニでちょこっとおつまみ

お酒のあてとして、あと一品ほしいときにも嬉しい小さめのおつまみです。
便利な冷凍食材もグリラーならいつもよりおいしくなります。

しそふりかけとじんわり溶けたバターの相性が抜群です。塩ゆでに飽きたら、ぜひ試してほしい一皿です。

しっとり

枝豆のしそバター

加熱 7-8 min

材料（2人分）

冷凍枝豆…150g
水…大さじ1
バター…15g
しそふりかけ…小さじ1

作り方

1. グリラーミニに冷凍のまま枝豆を広げ、水をかける。
2. 蓋をして電子レンジで**2分**（片火は**2分半**）加熱し、2分予熱した魚焼きグリルに入れ、中火で**5分**（片火は弱火で**6～8分**）加熱する。
3. 蓋を取り、弱火で**2～3分**（片火は**1～2分**）加熱する。バターをのせ、溶けたところにしそふりかけをかけ、混ぜる。

ブロッコリーは好みの野菜に替えてもOKです。はちみつとカマンベールの甘じょっぱさがクセになります。

こんがり

焼きカマンベールとブロッコリー

加熱 7-8 min

材料（2人分）

カマンベールチーズ…1個（100g）
ブロッコリー（冷凍でもOK）…3～4房
はちみつ、黒こしょう（好みで）…各適量

作り方

1. カマンベールチーズの表面を6等分するイメージで、対角線状の切り目を3本入れる。
2. グリラーミニに1とブロッコリーを置く。
3. 蓋をして電子レンジで**2分**（片火は**2分半**）加熱し、2分予熱した魚焼きグリルに入れ、中火で**5分程**（片火は弱火で**6～8分**）加熱する。
4. 蓋を取り、弱火で**2～3分**（片火は**1～2分**）焼き目がつくまで焼く。仕上げに好みではちみつ、黒こしょうをかける。

スイートチリソースにサワークリームを合わせてさっぱりといただきます。止まらないおいしさ！

こんがり

冷凍ポテトとスイチリサワークリーム

加熱 7-8 min

材料（2人分）

冷凍ポテト…200g
サワークリーム、
スイートチリソース…各適量

作り方

1. グリラーミニに冷凍ポテトを広げる。
2. 蓋をして電子レンジで**2分**（片火は**2分半**）加熱し、2分予熱した魚焼きグリルに入れ、中火で**5分**（片火は弱火で**6～8分**）加熱する。
3. 蓋を取り、弱火で**2～3分**（片火は**1～2分**）焼き目がつくまで焼く。サワークリームをのせ、スイートチリソースをかける。

※ここでは、おつまみにもちょうどいいグリラーミニを使用しています。
通常サイズを使用する場合は1.3～1.5倍量で作ってみてください。

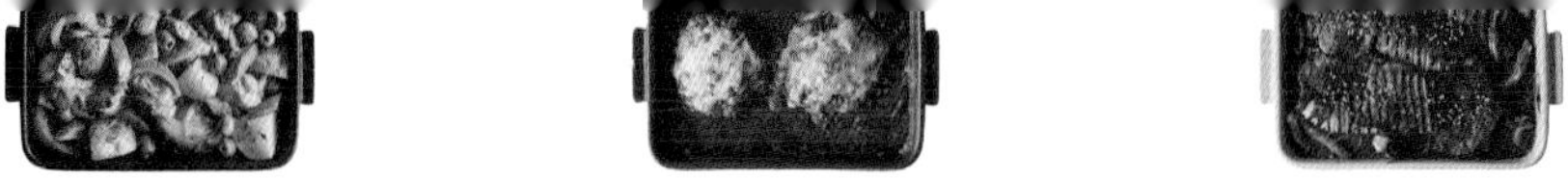

グリラーだから二度おいしい！

シメのもう一品

First 1 P.44 チキンとレモンのモロッコ煮を

Re MAKE Second 2 チーズリゾットに！

グリラーで加熱調理をすると、お肉や野菜などから
出た水分に素材の旨みが凝縮されます。
ここではそんなグリラーの利点を存分に活かして、
メインおかずの煮汁やソースを使ったリメイクレシピを紹介します。

GRILLER MEMO

グリラーに液体を入れたまま冷蔵庫で長時間保存するとグリラーに色が移ったり、水分が外側に染み出てくることがあります。煮汁などは翌日まで保存せず、食事やお酒のシメとして楽しむのがおすすめです。

チーズリゾット

カレー風味のモロッコ煮を
チーズでまろやかにします。
カリッとしたチーズの焼き目も
おいしい一品です。

加熱 6-10min

材料（作りやすい分量）

ごはん……150～200g
ピザ用チーズ……適量
イタリアンパセリ（刻む）……適量
黒こしょう……少々

作り方

1 チキンとレモンのモロッコ煮（P. 44）の煮汁が残ったグリラーにごはんを入れて混ぜ（A）、直火の中火に**6～10分**かける。煮汁を吸ってきたら、ピザ用チーズをのせ、余熱で溶かす。
※IHコンロなど直火が使えない場合はピザ用チーズをのせ、蓋はせずに魚焼きグリルに入れ、IH両火は中火で**6～10分**、IH片火は蓋をして弱火で**5分**加熱後、蓋を取り、弱火で**1～2分**、焼き目がつくまで焼く。

2 イタリアンパセリを散らし、黒こしょうをふる。

Point. A

ごはんを入れたら全体に水分が行き渡るように混ぜます。お米の粒がつぶれないようにざっくり混ぜるのがポイントです。

First 1 P.18

こねないハンバーグを

Re MAKE Second 2

トマトリゾットに！

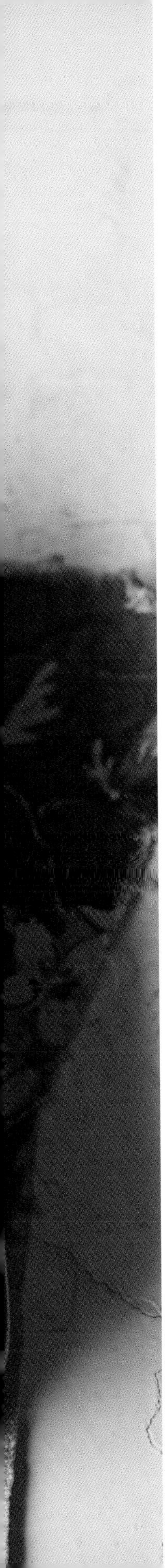

トマトリゾット

**お肉の旨みが凝縮されたトマトソースでリゾットに。
ごはんの代わりにバゲットを入れても合います。
トマトとチーズの相性が抜群！**

加熱 6-10min

材料（作りやすい分量）

ごはん ………… 150～200g
イタリアンパセリ（刻む）（好みで）……適量
粉チーズ ………… 適量

作り方

1 こねないハンバーグ（P.18）のソースが残ったグリラーにごはんを入れて混ぜ、直火の中火に**6～10分**かける。
※IHコンロなど直火が使えない場合は蓋はせずに魚焼きグリルに入れ、IH両火は中火で**6～10分**、IH片火は蓋をして弱火で**5分**加熱後、蓋を取り、弱火で**1～2分**、焼き目がつくまで焼く。

2 好みでイタリアンパセリを散らし、粉チーズをかける。

First 1 P.35

イカの韓国焼きを

Re MAKE Second 2

ピリ辛うどんに！

ピリ辛うどん

冷凍うどんを使い、手軽に作れる一品です。
コチュジャンの辛みと、イカのわたの
コクがお酒のシメに合います。

加熱 5-8 min

材料（作りやすい分量）

冷凍うどん …… 1袋
小ねぎ（小口切り）（好みで）…… 適量
白炒りごま（好みで）…… 適量

作り方

1 冷凍うどんは電子レンジで解凍する。

2 イカの韓国焼き（P. 35）のソースが残ったグリラーに1を入れて混ぜ、直火の中火に**5〜8分**かける。
※IHコンロなど直火が使えない場合は、蓋はせずに魚焼きグリルに入れ、IH両火は中火で**6〜10分**、IH片火は蓋をして弱火で**6分**加熱後、蓋を取り、弱火で**1〜2分**、焼き目がつくまで焼く。

3 好みで白ごま、小ねぎを散らす。

column.3

魚焼きグリルでできる！

ごほうびデザート

おかずはもちろんデザートも万能なグリラーにお任せ。
こんがり、しっとりのよさが引き立つスイーツを厳選しました。
トースターやオーブンがなくてもできます。

こんがり　かぼちゃをほっくり焼いたら砂糖で焦がしつける

焼きかぼちゃキャラメリゼ

（加熱 11-12min ▶ 余熱 6min）

POINT
キャラメリゼしやすい上白糖、またはグラニュー糖を使います。好みでバターをのせてもおいしいです。

材料（2人分）
かぼちゃ（冷凍でもOK）--- 350g
塩 --- 適量
水 --- 大さじ1
上白糖（またはグラニュー糖）--- 大さじ1
バター（好みで）--- 適量

作り方
1 かぼちゃは3cmの角切りにし、上面が蓋につかないように高さを調節してグリラーに入れる。
2 軽く塩をして、水をかけ、蓋をして電子レンジで**2分**（片火は**3分**）加熱する。
3 蓋をしたまま、2分予熱した魚焼きグリルに入れ、中火で**8分程**（片火は弱火で**7〜10分**）加熱する。
4 火を止めて庫内に入れたまま**6分程**余熱調理をする。蓋を取り、竹串をさしてすっと入ったら、砂糖をかけ、弱火で**3〜4分**（片火は**1〜3分**）焦げ目がつくまで焼く。好みでバターをのせる。

こんがり　芯を好みの型で抜いて見た目も楽しい一皿に

ベイクドアップル

（加熱 8min）

材料（2人分）
りんご --- 1個
レーズン --- 大さじ1/2
はちみつ --- 大さじ1
バタ　15g

作り方
1 りんごは皮つきのまま幅1.5cmの輪切りにし、小さめの抜き型で芯の部分をくりぬく。
2 グリラーに1を並べ、レーズンを散らし、はちみつをかける。
3 2分予熱した魚焼きグリルに蓋をして入れ、中火で**6分程**加熱する。蓋を取り、弱火で**2分**加熱する（片火も同様）。仕上げにバターをのせる。

POINT
お子様のおやつにもおすすめです。小さなお子様の場合は、はちみつを抜いてください。

しっとり

遠赤外線効果で焼きいもの
ホクホク感を味わう

大学いも風

（加熱 7min ▶ 余熱 6min）

POINT
さつまいもも、
グリラーで焼けば
しっとり甘くなります。
油で揚げないので
ヘルシーです。

材料（2人分）

- さつまいも（細め）
  --- 1本（250〜300g）
- サラダ油 --- 大さじ1
- 水 --- 大さじ1
- Ⓐ
  - しょうゆ --- 大さじ1
  - 砂糖 --- 大さじ1
  - 片栗粉 --- 小さじ2/3
  - 水 --- 60mℓ
- 黒炒りごま --- 適量

作り方

1 さつまいもは皮つきのまま、乱切りにし、水にさらす。キッチンペーパーで水気を取り、グリラーに入れ、サラダ油をからめる。

2 1に水をかけ、蓋をして電子レンジで**2分**（片火は**3分**）加熱する。

3 蓋をしたまま、2分予熱した魚焼きグリルに入れ、中火で**7分程**（片火は弱火で**8〜10分**）加熱する。

4 火を止めて庫内に入れたまま**6分程**余熱調理をする。

5 耐熱容器にⒶを入れ、よく混ぜ、ラップをして電子レンジで**1分**加熱し、取り出して混ぜたらさらに**1分**加熱し、みたらしあんを作る。

6 4に5をかけ、黒ごまをかける。

しっとり　外はカリッ、中はじゅわっと染みる絶妙な焼き加減

オレンジのフレンチトースト

（加熱 8-9min ▶ 余熱 4min）

材料（2人分）

- バゲット（またはフランスパン） 1/2本
- オレンジ --- 1個
- Ⓐ
  - 卵 --- 1個
  - 牛乳 --- 60〜80mℓ
  - 砂糖 --- 大さじ1/2
- マスカルポーネ（ほかにバニラアイス、生クリームなど） --- 適量
- アーモンドスライス --- 適量
- 粉糖 --- 適量
- メープルシロップ --- 適量

作り方

1 バゲットは幅2cmの斜めに切る。オレンジは皮をむき、幅1cmの輪切りか半月切りにする。

2 グリラーにⒶを入れ、よく混ぜる。1のバゲットを両面浸す。隙間にオレンジを置く。

3 2分予熱した魚焼きグリルに蓋をして入れ、中火で**6分程**加熱する。

片火 蓋をして電子レンジで**2分**加熱し、2分予熱した魚焼きグリルに入れ、弱火で**6〜8分**加熱する。

4 火を止めて庫内に入れたまま**4分程**余熱調理をする。蓋を取り、弱火で**2〜3分**（片火は**1〜2分**）焼き目がつくまで焼く。マスカルポーネをのせ、アーモンドスライスを散らし、粉糖、メープルシロップをかける。

POINT
短時間で浸ける場合、牛乳は60mℓに。半日以上浸けられる場合は牛乳を80mℓにして、バットを使い、たっぷり染み込ませます。

岡本 ゆかこ

料理家・フードスタイリスト。お菓子/お料理教室「atelier plus+（アトリエ・プリュス)」主宰。アフタヌーンティー・ティールームに勤務後、海外の食文化を学びにサンフランシスコへ。キッチンツール会社にて店舗ディレクション・スタイリング・企画を担当。フードコーディネーターアシスタントを経て独立。著書に『アップサイドダウンケーキ！』『おうちで作るアイスケーキ』『並べて焼くだけ！グリラーレシピ』(ともに小社刊) などがある。雑誌、書籍、広告など多岐にわたり活動中。

HP https://www.okamoto-yukako.com　@ okamoto.yukako

撮影	中垣美沙
調理アシスタント	平野みゆき、馬場千亜希
デザイン	田山円佳(スタジオダンク)
編集協力	宮本貴世
校正	西進社
撮影協力	UTUWA

協力

イブキクラフト

HP：www.meisterhand-i.com　Instagram：@meister_hand

〒465-0025　愛知県名古屋市名東区上社 4-108

本書の内容に関するお問い合わせは、お手紙かメール (jitsuyou@kawade.co.jp) にて承ります。恐縮ですが、お電話でのお問い合わせはご遠慮くださいますようお願いいたします。

グリラーレシピ
こんがり&しっとりおかず
魚焼きグリルで肉・魚・野菜がおいしくなる！

2021 年 12 月 20 日　初版印刷
2021 年 12 月 30 日　初版発行

著　者　岡本 ゆかこ
発行者　小野寺優
発行所　株式会社河出書房新社
〒 151-0051　東京都渋谷区千駄ヶ谷 2-32-2
電話　03-3404-1201 (営業)
03-3404-8611 (編集)
https://www.kawade.co.jp/

印刷・製本　三松堂株式会社

Printed in Japan
ISBN978-4-309-28941-0